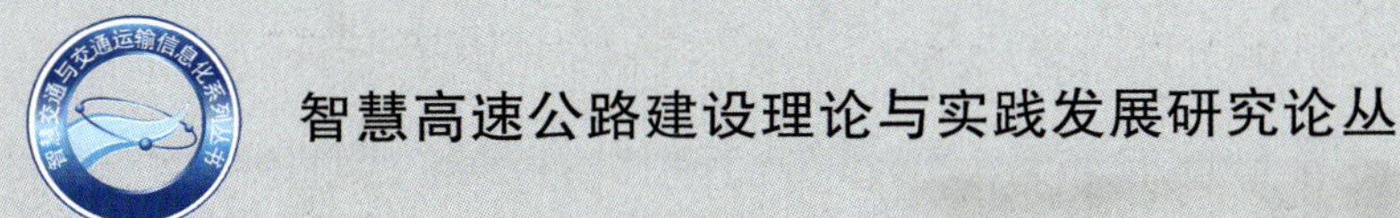

智慧高速公路运行维护管理系统建设

李　锐　孙兴焕　张小丽　冉　斌　编著

人民交通出版社股份有限公司
China Communications Press Co.,Ltd.

内 容 提 要

《智慧高速公路运行维护管理系统建设》是《智慧高速公路建设理论与实践发展研究论丛》系列丛书的重要组成部分，包括理论篇和实践篇两大部分。其中，理论篇分别对信息系统运行维护管理、IT服务管理、IT基础架构库以及运维服务管理体系进行了梳理和总结；实践篇主要介绍江苏省智慧高速公路信息化系统运行维护需求分析和系统设计，展示了江苏高速公路运维管理系统的最新开发成果。

本书可供高速公路运营管理人员、信息化领域的IT从业者及管理高层使用，也可供高等院校相关专业的研究生、本科生及理论研究者等参考。

图书在版编目（CIP）数据

智慧高速公路运行维护管理系统建设／李锐等编著.
—北京：人民交通出版社股份有限公司，2016.11
ISBN 978-7-114-13146-2

Ⅰ.①智… Ⅱ.①李… Ⅲ.①高速公路—公路养护—管理信息系统 Ⅳ.①U418.2-39

中国版本图书馆CIP数据核字（2016）第144531号

智慧高速公路建设理论与实践发展研究论丛

书　　名：智慧高速公路运行维护管理系统建设
著 作 者：李　锐　孙兴焕　张小丽　冉　斌
责任编辑：韩亚楠　郭红蕊　闫吉维
出版发行：人民交通出版社股份有限公司
地　　址：（100011）北京市朝阳区安定门外外馆斜街3号
网　　址：http：//www.ccpress.com.cn
销售电话：（010）59757973
总 经 销：人民交通出版社股份有限公司发行部
经　　销：各地新华书店
印　　刷：北京盛通印刷股份有限公司
开　　本：880×1230　1/16
印　　张：10.25
字　　数：298千
版　　次：2016年11月　第1版
印　　次：2016年11月　第1次印刷
书　　号：ISBN 978-7-114-13146-2
定　　价：85.00元

《智慧高速公路建设理论与实践发展研究论丛》编委会

参　编　单　位

序言 FOREWORD

经济全球化和社会信息化是当今世界发展的重要标志，继互联网技术之后，物联网、云计算、大数据等技术的迅猛发展，极大地加速了经济全球化和社会信息化的进程，使人们的沟通和联系越来越便捷。信息技术已经深入社会经济活动的各个领域，改变着我们的生活，影响着我们的行为方式。

智慧交通是当今国际交通运输领域的发展前沿之一，它是高新技术在交通领域集成应用的产物。从国内外智慧交通的发展和应用看，其是信息技术与传统产业结合而创造出的新领域，智慧交通借助新一代信息技术的发展，既能提升交通服务水平、实现现代交通运输服务，又可为国家战略性新兴产业提供广阔应用环境。新一代信息技术在交通领域的应用，不但使交通服务更加丰富和人性化、使交通运输系统效率更高，还将在信息技术与交通科学技术的交叉点上产生创新。可以说新一代信息技术发展，既为智慧交通发展提供了新动力，也是交通领域加快转变经济发展方式的具体体现。

智慧交通是提升交通运输服务水平的有效途径，也是推动交通运输转型升级的重要支撑。2011 年 6 月，交通运输部出台的《公路水路交通运输“十二五”科技发展规划》(交科技发〔2011〕234 号)，明确交通运输科技发展必须紧紧围绕科学发展这一主题、加快转变发展方式这条主线，着力提高创新能力，持续推进科技进步与创新，支撑和引领交通运输科学发展。高速公路是交通运输体系的一个重要组成部分，对国民经济和社会发展起着重要作用。高速公路网作为重要的交通基础网络，加快路网建设、创新发展、提高信息化智能化水平已是大势所趋，许多先进创新成果的应用已成为高速公路路网持续发展提升的核心驱动力。

智慧高速公路是智慧交通发展中的重要环节，其核心在于创新高速公路运行服务的体制机制和商业模式，整合资源、统一平台、共建共享、协同管理、智慧服务。经过近几年的发展，高速公路建设在交通事故应急处置、偷逃通行费防范打击、交通状态实时监测预警、公众出行全方式全方位服务等方面均取得了显著效果。打造智慧高速公路，将加快交通运输行业科技成果的转化，充分发挥科学技术在转变发展方式、发展现代交通运输业中的支撑和引领作用。加大新技术的集成、推广应用和关键技术的研究创新，能够提升高速公路运营与服务智能化信息化水平，切实解决智能化平台营运管理的各种问题，从而实现高速公路运行管理的跨越式发展。这与交通运输部部长杨传堂在全国交通运输工作会上提出的加快推进“四个交通”发展不谋而合。“综合交通是核心，智慧交通是关键，绿色交通是引领，平安交通是基础”。本套论丛对智慧高速公路建设发展的探求，正是“智慧交通”在高速公路领域的实例化体现，是对其深刻学习领悟后的创造性应用成果。

江苏省智慧高速的发展，从高速公路全路网信息化顶层设计、系统架构、数据采集平台、数据中心、指挥调度平台、公众服务平台、决策支持系统、运行维护系统、相关配套工程等多个方面进行了设计与实施建设。《智慧高速公路建设理论与实践发展研究论丛》在对国内外交通信息化智能化建设经验进行充分研究的基础上，结合江苏省高速公路信息化智能化的工程实践经验，分别从高速公路信息化总体工程、数据采集平台、数据中心、公众服务平台、指挥调度平台、运行维护平台等进行了系统分析与深入思考，并从理论分析与工程实践相结合的角度对高速公路信息化系统设计、实施等方面进行全面介绍。丛书提出了高速公路信息化建设的顶层设计思路与总体框架内容，系统阐述了数据中心在高速公路信息化建设过程中的重要位置，详细地介绍了高速公路信息采集技术、数据中心、指挥调度系统、公众服务系统、运行维护系统的功能与用途。丛书通过对江苏智慧高速公路这一交通运输部科技示范工程创新成果的凝练以及对信息化智能化建设成果的总结，为全国高速公路信息化智能化建设的推进提供了借鉴与参考。

现代科学技术发展日新月异，新技术应用与交通科技创新相辅相成、相得益彰。智慧高速公路的建设，将进一步丰富智慧交通的发展内涵，打造便捷、高效、绿色、安全的出行环境，推动现代交通运输体系服务水平提升，从而为我国社会主义现代化建设提供有力保障。

中国智能交通协会理事长

吴忠泽

前言

PREFACE

《智慧高速公路运行维护管理系统建设》以高速公路信息化建设为背景，结合IT服务管理的理论和国际标准ISO/IEC 20000，探讨将IT服务管理应用到高速公路数据中心和内外场设备的运营管理和维护的实践方法，以保障高速公路的信息化设备能够按需提供多元化、差异化、安全高效的服务。

本书分为理论篇和实践篇。理论篇，分别对信息系统运行维护管理、IT服务管理、IT基础架构库以及IT运维服务管理体系进行了梳理和总结。实践篇，首先介绍了江苏省高速公路信息化建设项目情况，结合高速公路营运管理独有的特点，深入分析高速公路信息系统运维特征和IT服务管理需求，探讨面向高速公路运营行业的IT服务管理方法，以提升高速公路行业的信息服务管理水平；其次，介绍了江苏省高速公路信息化平台的运维系统设计方案和设计指标，并展示了江苏高速公路运维管理系统的最新开发成果。

在本书的撰写与出版过程中，得到了行业内诸多领导、专家、老师们的关心与支持，尤其是：江苏宁沪高速公路股份有限公司钱永祥、王宏伟、陈书依、苗健等人，江苏京沪高速公路有限公司马腾飞、黄铭、徐亚林等人，江苏广靖锡澄高速公路有限责任公司徐泽敏、袁汉平、陈长龙等人以及江苏扬子大桥股份有限公司饶建辉、陈雄飞、汪峰、季华等人的指导与帮助，在此深表感谢！

本书可供高速公路营运管理人员、信息化领域的IT从业者及管理高层使用，也可供高等院校相关专业的研究生、本科生及理论研究者等参考。

作　者

2016年4月

导读

INTRODUCTION

《智慧高速公路建设理论与实践发展研究论丛》系列丛书以高速公路营运管理和公众服务的现代化、信息化和智能化为理论导向，立足江苏省智慧高速公路建设实践，旨在为高速公路营运管理者提供理论和经验借鉴，为智能交通系统理论的研究和实践奠定基础。本丛书共六册，包含《智慧高速公路理论与实践总论》、《智慧高速公路信息采集技术与应用》、《智慧高速公路数据中心建设与运营》、《智慧高速公路指挥调度系统建设与运营》、《智慧高速公路公众服务平台建设与运营》、《智慧高速公路运行维护管理系统建设》，详细阐述了智慧高速公路总体设计原理与建设实践、各重要子平台系统的理论和实践。

《智慧高速公路理论与实践总论》统领本套丛书，率先界定了智慧高速公路的内涵，阐述了智慧高速公路的发展历程，分析了智慧高速公路的服务对象及其需求，明确了智慧高速公路的功能与技术需求。在此基础上，结合江苏省智慧高速建设实践经验，提出了高速公路运营与服务智能化平台的总体架构、系统功能以及技术要求，并概括性介绍了相关建设实施方法。

《智慧高速公路信息采集技术与应用》分上下篇，分别为信息采集理论篇和信息采集实践篇。理论篇包括交通信息的采集对象和交通信息自动化采集方法两部分内容，并对各种采集技术进行了对比分析；实践篇以江苏省高速公路信息化平台信息采集系统为例，从需求分析、系统设计和系统布设原则及方案三个方面进行了全面的阐述，以期为其他省市智慧高速公路信息采集系统的建设提供参考与借鉴。

《智慧高速公路数据中心建设与运营》分上下篇，分别为数据中心理论篇和数据中心实践篇。理论篇包括数据中心的发展历程、经典架构、数据存储、数据挖掘、安全与节能、机房建设等内容；实践篇以我国第一个省级智慧高速公路示范区为例，系统介绍了江苏省高速公路数据中心的建设实践，以期为其他省市智慧高速公路数据中心建设提供参考与借鉴。

《智慧高速公路指挥调度系统建设与运营》分上下篇，分别为指挥调度理论篇和指挥调度实践篇。理论篇对指挥调度平台进行了概述，介绍了平台业务需求和设计架构，描述了指挥调度平台各系统的业务流程、功能等内容；实践篇以江苏省高速公路现有指挥调度业务、系统为切入，介绍了江苏省高速公路联网营运管理中心与各联网成员单位指挥调度平台的相关内容。

《智慧高速公路公众服务平台建设与运营》分上下篇，分别为公众服务平台理论篇和实践篇。理论篇介绍了公众服务平台相关的基本概念，分析了公众服务平台的特点、建设模式、国内外发展现状、分类、体系结构和绩效评估方法，阐述了公众服务平台涉及的通信传输、服务器端等多项关键技术；实践篇通过案例分析，进一步阐述了科技服务、企业、政府、科研机构四类公众服务平台，并重点介绍了针对江苏高速公路公众服务业务需求进行设计的江苏省高速公路公众服务平台的相关内容。

《智慧高速公路运行维护管理系统建设》分上下篇，分别为运行维护管理理论篇和实践篇。理论篇介绍IT服务管理、ITIL等相关理论内容；实践篇结合高速公路营运管理信息系统的独有特点，分析智慧高速公路运行维护管理系统特征和IT服务管理需求，探讨面向高速公路运营行业的IT服务管理方法，介绍了江苏省高速公路智能化信息平台的运维系统建设方案及相关内容。

在丛书的撰写和出版过程中，得到了众多行业领导、专家、老师们的关心与支持，在此表示衷心的感谢！衷心感谢交通运输部周伟总工程师、赵冲久总工程师，科技司庞松司长、洪晓枫副司长、邹力副巡视员，交通部西部交通建设科技项目管理中心杨新征副主任等领导一直以来对丛书的关心与支持。十分感谢交通运输部路网监测与应急处置中心李作敏主任、李爱民副主任，交通运输部科学研究院王晓曼书记，中国交通通信信息中心岑晏青副主任，交通运输部公路科学研究院总工程师王笑京和ITS中心李斌主任对丛书提出的宝贵意见。非常感谢江苏省人大常委会副主任、党组副书记史和平，江苏省交通运输厅游庆仲厅长、金凌副厅长、厅运输管理局蒋振雄局长、科技处王绍坤处长、陆毅副调研员，江苏省经济和信息化委员会信息化推进处赵卫强处长，对丛书写作与出版的支持和帮助。特别感谢江苏交通控股有限公司原董事长杨根林、总经理常青对丛书写作调研工作给予的大力支持。此外，感谢东南大学易红校长、刘京南副书记、王保平副校长、林萍华副校长、浦跃朴副校长、刘波副校长、郑家茂副校长、沈炯副校长、黄大卫副校长、党委宣传部毛惠西部长，东南大学土建交通学部王炜主任，交通学院秦霞书记以及过秀成教授在丛书写作和出版过程中给予的帮助。

在丛书的编写工作中，东南大学物联网交通应用研究中心的何赏璐、纪翔峰、杨彬彬、马春景、李梦甜、尹婷婷等研究生参与了《智慧高速公路理论与实践总论》分册的编写；张维、王浩森、李志伟、余东豪、丁婉婷等研究生参与了《智慧高速公路信息采集技术与应用》分册的编写；纪翔峰、展凤萍、杨彬彬、葛志鹏、余东豪等研究生参与了《智慧高速公路数据中心建设与运营》分册的编写；钟罡、李志伟、张雯靓等研究生参与

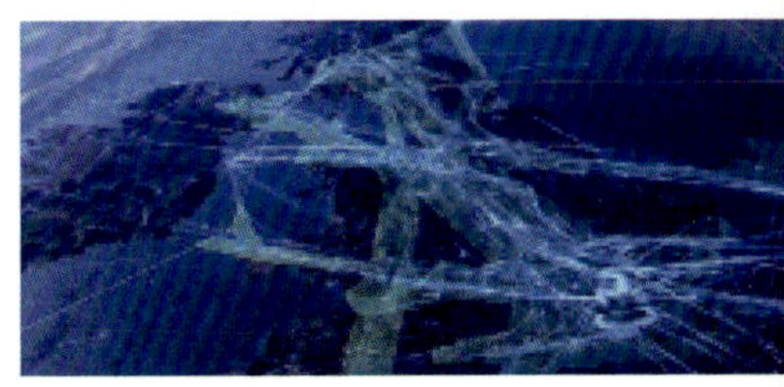

了《智慧高速公路指挥调度系统建设与运营》分册的编写；纪翔峰、聂建强、钟罡、杨彬彬、徐凌慧、余东豪、丁婉婷、黄帅凤、张雯靓、陈信超等研究生参与了《智慧高速公路公众服务平台建设与运营》分册的编写；王翀、余东豪、丁婉婷等研究生参与了《智慧高速公路运营维护管理系统建设》分册的编写。借此向所有参与本丛书编写的工作人员表示衷心的感谢！

此外，本丛书参阅了大量国内外相关文献资料，书中未能一一列出，借此也向这些著作和文献资料的原作者们表示衷心的感谢！

目录

CONTENTS

上篇　理　论　篇

下篇　实　践　篇

SHANGPIAN
LILUN PIAN

上篇

理论篇

1 信息系统运行维护管理概述

企业信息系统服务于企业业务，随着企业各项业务信息化程度的深入和信息系统日趋网络化、复杂化，其维护管理的业务导向性和服务趋向性，均非常重要。本章主要介绍信息系统运行维护（简称“运维”）管理相关知识，包括企业业务，信息系统，IT（Information Technology，信息技术）运维管理，IT管理等，方便读者后续章节的阅读。

1.1 企业业务相关概念

1.1.1 业务

在企业管理以及与企业信息化相关的研究概念中，如业务流程（Business Process），业务流程重组（Business Process Reengineering，BPR）及业务集成（Business Integration）等，业务（Business）指的是企业运用科学方法和生产工艺生产出可交付用户使用的产品与服务，并以此为企业带来利益的有目的行为，泛指公司内外除信息化工作之外的所有生产运营管理事务，包含公司与外部合作伙伴的各项事务。在这里，业务包含了两层含义，一方面是静态的要素，包括企业战略目标、组织结构、管理体系、业务应用组合、资源等各个方面的内容；另一方面，业务也是动态的，体现为公司为达成业务目标所进行的行动路线。

值得注意的是，看待业务通常需要从企业整体的视角。因为，从IT视角看，非IT的一切均为业务；对于企业，非IT的不一定是业务，IT的并不一定不是业务。

1.1.2 业务活动

组织中各项活动表现为物流、资金流、事务流和信息流的运动。其中，物流是实物的流动过程，物资的运输，产品从原材料采购、加工直至销售都是物流的表现形式；资金流指伴随物流而发生的资金的流动过程；事务流是各项管理活动的工作流程，如原材料进厂进行的验收、登记、开票、付款等流程，厂长做出决策前进行的调查研究、协商、讨论等流程；信息流伴随以上各种流的流动而流动，它既是其他各种流的表现和描述，又是用于掌握、指挥和控制其他流运行的软资源。

1.1.3 业务流程

业务流程（Business Process）是20世纪以后管理理论与实践中最重要的核心概念。在ISO 9000中，对业务流程的描述为：业务流程是一系列将输入转化为输出的相互关联或相互作用的活动的组合。简而言之，业务流程就是企业里所有能够创造价值的活动的组合。

1）要素

（1）输入和输出

流程至少是由两个或两个以上的活动组成的。在流程的每个活动环节都有相应的输入和输出，上一流程环节的输出，就是下一流程环节的输入。

（2）流程的活动与价值增值

流程的活动就是将流程输入转化为流程输出的具体操作。没有创造价值增值的行为，不能视为有效的流程活动。这种价值增值表现为不断满足客户的需求。进行流程优化，就是要对流程的价值增值进行分析，在权衡成本和价值的基础上对流程进行优化。

（3）流程的角色

流程活动的每个动作都需要人员去完成，在流程中承担这些职责的一类人员，称之为角色。通常每个流程都会设置流程负责人和流程经理两个角色。流程负责人是流程的实际拥有者，负责从宏观上监控流程，确保流程在组织范围内被有效地执行；同时，随着内外部环境的变化，流程负责人必须定期或不定期地分析流程，找出缺陷并进行改进，从而实现服务能力的持续提升和流程的可用性维持。流程经理负责流程执行过程中具体事务的协调和监控，以及流程日常事务的审批和处理。

(4)关键绩效指标(Key Performance Indicator，KPI)

针对流程设置关键绩效指标是为了衡量流程执行的效果和效率。获取充分的流程绩效考核数据，对于监控流程的执行状况、发现流程存在的问题，具有非常重要的意义。

在现代，“以业务流程为中心”已经取代了传统的“职能分工”管理原则。围绕流程所建立的组织，更具有效率和效益，同时也自然地呈现出扁平化、网络化的特征。流程是任何企业运作的基础，企业所有的业务都需要流程来驱动，把相关的信息数据根据一定的条件从一个人(部门)输送到其他人员(部门)得到相应的结果，再返回到相关的人(部门)。一个企业中不同的部门、不同的客户、不同的人员和不同的供应商都是靠流程来进行协同运作，流程在流转过程中会携带相应的数据信息。

2)类型

常常将业务流程划分为以下三种基本类型：

(1)管理流程

对系统运作进行管制、协调的过程。典型的管理流程，例如公司治理、战略管理。

(2)运营流程

构成核心业务和创造基本价值的过程。典型的运营流程，例如采购、制造、市场营销、销售。

(3)支持流程

支撑管理流程和运营流程的过程。典型的支持流程，例如会计、招募、技术支持。

1.1.4 业务流程管理

业务流程管理(Business Process Management，BPM)是由BPR和业务流程优化(Business Process Improvement，BPI)发展而来的，指通过管理和优化业务流程提高企业绩效。从企业管理的角度，它可以看作是BPR所带来的以业务流程为中心的管理思想的延续与发展；从IT的企业应用角度，它是在工作流(Workflow)等技术基础上发展起来的，基于业务流程建模，支持业务流程的分析、建模、模拟、优化、协同与监控等功能的新一代企业应用系统核心。

业务流程管理可看作是一种对企业的流程进行管理的方法，主要是对企业的业务流程做一个全面的分析，以明确各流程的重要性，并对这些流程进行设计、描述。完整的BPM可分为流程分析、流程定义、流程设计、流程执行和流程监控管理等。随着微电子、计算机、网络化和数据库等信息化技术水平的不断发展，BPM市场、BPM产品与服务也逐渐成熟起来，人们应用IT来使BPM的实现成为可能。BPM与IT的结合形成了新的业务流程管理系统(BPM System，BPMS)。

1.2 信息系统概述

1.2.1 含义

信息系统是一个人造系统，它由人、硬件、软件和数据资源组成，目的是及时、正确地收集、加工、存储、传递和提供信息，实现组织中各项活动的管理、调节和控制。

信息系统或资讯系统(Information System)，从技术上说就是为了支持组织决策和控制而收集(或获取)、处理、存储、分配信息的一组相互关系的组件。除了支持决策、协作和控制，信息系统也可用来帮助经理和工人分析解决问题，使复杂性可视化，以及创造新的产品，从商业角度看，一个信息系统是一个用于解决环境提出的挑战的、基于信息技术的组织管理方案。通常用“信息系统”这个词时，特指依赖于计算机技术的信息系统。

将一个组织全部活动中存在的用于不同活动的信息流联系组织在一起，服务于同类的控制和管理目的，就形成信息流的网，称之为信息系统。一个组织的信息系统可以是企业的产、供、销、库存、计划、管理、预测、控制的综合系统，也可以是机关的事务处理、战略规划、管理决策、信息服务等的综合系统。

1.2.2 逻辑组成

信息系统，包括信息处理系统和信息传输系统两个方面。信息处理系统对数据进行处理，使它获得新的结构与形态或者产生新的数据，比如计算机系统就是一种信息处理系统，通过它对输入数据的处理可获得不同形态的新的数据；信息传输系统不改变信息本身的内容，作用是把信息从一处传到另一处。由于信息的作用只有在广泛交流中才能充分发挥出来，因此，通信技术的进步极大地促进了信息系统的发展。广义的信息系统概念，已经延伸到与通信系统相等同。这里的“通信”不仅指通讯，而且意味着人际交流和人际沟通，其中包括思想的沟通、价值观的沟通和文化的沟通。

1.2.3 信息系统维度

信息系统通过解决企业组织和管理方面的问题，帮助企业应对周边环境中的种种挑战，为企业创造价值。信息系统不只是计算机，其应对挑战和解决问题的能力与三个维度有关：组织维度、管理维度和信息技术维度。

(1)组织维度

一个组织的基本要素，包括组织的人员、结构、业务流程、组织政治和组织文化。组织由不同的层级和专门化领域构成，劳动分工清晰明确。企业的组织形式是等级式的，由高层管理人员、中层管理人员和基层管理人员三个主要层级组成，科学家及知识型员工通常与中层管理人员一起。信息系统为企业的每个层级提供服务。

(2)管理维度

管理层的工作是认清组织所处的各种情况，做出决策，制订行动方案来解决问题。

(3)信息技术维度

信息技术维度是管理者为应对变革的众多任务而使用的工具之一。包括计算机软、硬件，数据管理技术，网络与电信技术，互联网技术和所需的操作、管理人员等，都代表了可供整个组织共享的资源，从而构成了企业的信息技术基础设施(Information Technology Infrastructure)。信息技术基础设施是企业构架具体信息系统的基石与平台。

1.2.4 IT 资源

首先，IT 所指的范围有狭义和广义之分。狭义的 IT 就是指信息技术，而广义的 IT 涉及范围相当广泛，包括企业 IT 设备(如机房)、硬件、软件(系统软件和应用软件)、数据库、通信及网络设备和相关文档(如各种信息报表、操作手册及流程规范等)[1]。

IT 资源的概念源于资源观理论中对企业资源的识别和分类。IT 的作用在于其对企业整个经营管理流程的嵌入，并与企业内的其他资源共同作用产生绩效[2]。此外，IT 在能够提高企业运营效率的同时，还可以结合相关资源为企业培育出独特的 IT 能力，进而提高企业的绩效[3]。因此，分析 IT 资源的概念时，需要考虑其对企业作用的特殊性，从企业的整个营业管理的视角出发对其进行界定。一般意义上，IT 资源可以指企业在经营管理过程中，所能够控制和使用的所有与 IT 有关的有形和无形要素的总和[4]。

单纯的 IT 并不会对企业产生持续的竞争优势，只有当 IT 与企业原有的人力资源和业务资源形成互补时，才能发挥其异质性作用。因此，可将 IT 资源划分为 IT 技术资源、IT 互补的业务资源和 IT 互补的人力资源这三类资源。IT 技术资源包括 IT 硬件、软件和各种 IT 的应用；IT 互补的业务资源涉及各类用于开发 IT 资源并使其产生绩效的组织资源，包括计划、分配、协调和管理 IT 资源，并使其能够支持和推动组织战略执行的各种能力；IT 互补的人力资源涉及组织内的员工和管理者的知识和技能[5]。

具体的，IT 资源可以指有形的计算机硬件、软件、数据、网络、数据中心设施等，也可以指维护 IT 设施的人员。

1.2.5 业务—IT 匹配

业务—IT 匹配(Business-IT Alignment)是指业务战略、IT 战略、业务基础设施以及 IT 基础设施之间的相互适应与整合。匹配能促使企业 IT 投资与应用具有更强的战略性和目的性，从而产生更高绩效与竞争优势。反之，不匹配会导致项目重复建设、系统无法满足业务需求、业务用户不满以及较高信息系统成本等。

企业实施信息系统或应用信息技术后之所以未能带来组织绩效的改善，主要原因在于 IT 采纳后并没有与企业业务有效地匹配[6]。企业不是为了信息化而信息化，无论多么先进的信息技术，如果不能与企业业务有效匹配，巨额的投入都只能带来巨大的浪费，更不能给企业的竞争优势和组织绩效带来任何积极的促进[7]。业务—IT 匹配之所以有助于企业竞争力的提升和组织绩效的改善，关键在于业务—IT 匹配有助于企业形成独特的 IT 能力。

1.2.6 IT 服务

广义上，服务是指在客户无需承担额外的风险和成本的前提下，不以实物形式提供的活动或作业以满足其需求的一种过程。服务的存在是为了让业务更有效率和保障。一般来说，服务产出的结果，要么能够帮助企业提升绩效，如提高企业自身的服务质量或体验；要么能够消除企业达成其预期结果的各种约束，如减低风险和成本。客户满意度是服务质量评价的核心，服务成本(总成本、投资回报率)是客户考虑的主要因素。就属性而言，服务具有两方面的含义：一方面是服务的过程属性，与制造业中的生产概念并列，指创造价值的活动，也即服务是关于过程的产品；另一方面是产品属性，是创造价值活动的结果，即服务产品。

相应的，IT 服务是指在信息技术领域里综合利用人、资源和程序以满足企业客户的信息需求，具体业务包括产品维护服务、IT 专业服务、集成和开发服务、IT 管理外包服务等。IT 服务允许客户无需顾虑底层技术或 IT 设施。根据价值可将 IT 服务分为核心服务、支持性服务及提升性服务。根据 IT 需求，IT 服务包括服务产品与服务过程。其中 IT 服务产品包括系统集成、通用解决方案、行业解决方案和 IT 综合服务；服务过程包括 IT 服务咨询、定制 IT 需求、挑选合适的 IT 服务商和服务产品、实施 IT 项目、检测验收与评估 IT 服务效果，以及后期维护与升级。IT 服务的内容因企业而异，如对一家制造业而言，邮箱系统是一个 IT 服务，但对于一个专门提供邮件服务的软件公司而言，这可能是一项业务。

1.3 IT 运维管理概述

1.3.1 含义

IT 运维管理的概念应该源于信息系统的生命周期，通常信息系统要经历规划、设计、开发、实施(部署)、测试(验收)、运行、废止等阶段，每个阶段都有相应的工作内容，运维管理就是运行阶段的主要工作。一般来讲，IT 运维管理指公司或组织的 IT 部门为确保 IT 系统的运行安全稳定，通过采用相关的方法、手段、技术、制度、流程和文档等 IT 技术，对 IT 系统的运行环境(包括网络、软硬件环境等)、业务系统和 IT 运维人员进行的综合管理。

狭义上的 IT 运维管理是“被动式”的，主要侧重 IT 基础架构的运营维护，保证 IT 系统平台的正常运作。IT 基础架构，不仅包括通常理解中的软硬件，还包括相关的流程、沟通、文档资料和支持 IT 服务的技术。其工作特征是：当设备出现故障后方实施维修工作，不包括业务应用服务和信息内容服务工作，也不涉及信息技术与业务工作融合问题。很多企业的运维也仅仅限于用一些硬件厂商自带的运维工具单纯地对其设备进行管理和维护，所能达到的程度仅限于这个设备或这几个设备是否可以工作，至于整个系统运转是否高效、资源利用是否合理、能否有效规避故障所带来的风险及如何评估整个 IT 部门工作成效等则未进行考虑。

现阶段，广义上的 IT 运维管理实际上是对底层 IT 基础设施、应用服务和业务服务的综合管理，也特指融入了 IT 服务管理理念，是一种“主动式”管理。广义 IT 运维管理的工作特征是：对信息系统可能出现的故障，主动做到事前处置、消除隐患，原则上不得出现运行故障，在确保信息系统安全、稳定运行的同时，以主动服务业务应用、提供内容服务为工作职责，促进信息技术与业务工作深度融合，不断推进信息资源广泛共享，实现“提高工作效率、降低成本、方便使用”的根本目的。一些 IT 服务厂商强调的 IT 运维管理概念，其实是在网络管理基础之上的拓展，包含的范围不仅限于网络管理，而是对整个 IT 系统和业务所涉及的范围进行运维管理，但各 IT 服务供应商的产品对这个概念的体现不尽相同。

1.3.2 运维人员

运行期间的信息系统管理部门内部人员大致可以分为三类：第一类是系统维护人员或系统管理员，包括硬件维护员、软件维护员、数据库维护员和网络维护员等；第二类是管理人员，包括耗材管理员、资料管理员、机房值班员和培训规划员等，其中培训规划员负责安排三类人员特别是系统维护人员和操作员的培训工作，对于系统维护人员的培训主要依靠请专家进来和派骨干出去的办法，而操作人员的培训师资则主要依靠系统维护人员；第三类是系统操作人员，这类人员数量最大，除少数在物理意义上的信息中心工作外，大多数都在各具体业务部门工作。因而，信息系统管理部门的主要成员由前两类人员组成。

一般来说，在中小型企业中信息系统部门中的人员较少，常常是一人身兼数职，而在大型企业中的信息系统管理部门的构成比较复杂，人员较多，分工也较细，其人员究竟是多少为好，主要还要视管理需求和信息系统的规模而定。

1.3.3 运行制度

要做到信息系统的正确和安全运行，就必须建立和健全信息系统的运行制度，不断提高各类人员的素质，有效地利用运行日志等信息对系统施行监督和控制[8]。

(1)建立和健全信息系统的运行制度

管理规范的企业，每一项具体的业务都有一套科学的运行制度。信息系统也不例外，同样需要一套管理制度，以确保信息系统正常和安全地运行。

信息系统的运行制度，首先表现为物理意义上的机房必须处于监控之中。机房安全运行制度，包括：身份登记与验证出入；专人负责启动和关闭计算机系统；对系统运行状况进行监视，跟踪并详细记录运行信息；对系统进行定期保养和维护等。

信息系统的运行制度，还表现为软件、数据、信息等其他要素必须处于监控之中。包括数据管理制度、密码口令管理制度、网络通信安全管理制度、病毒的防治管理制度、人员调离的安全管理制度等。

除此之外，任何信息系统的运行都必须遵守国家的有关法律和法规，特别是关于计算机信息系统安全的法律法规。近十年来，我国国家和地方相继出台了许多这方面的法律和法规，如《中华人民共和国计算机信息系统安全保护条例》、《中华人民共和国计算机信息网络国际联网管理暂行规定》、《关于加强计算机信息系统国际联网备案管理的通告》、《计算机信息网络国际联网安全保护管理办法》、《电子出版物管理暂行规定》等。

(2)信息系统的日常运行管理

信息系统的日常运行管理是为了保证系统能长期有效地正常运转而进行的活动，具体有系统运行情况的记录、审计踪迹、审查应急措施的落实等系统运行的日常维护工作。

对系统运行情况的记录，应事先制订登记格式和登记要点，具体工作主要由使用人员完成。人工记录的系统运行情况和系统自动记录的运行信息，都应作为基本的系统文档并按照规定的期限保管。这些文档，既可以用来在系统出现问题时查清原因和责任，还能作为系统维护的依据和参考。

审计踪迹是指系统中设置了自动记录功能，能通过自动记录的信息发现或判明系统的问题和原因。在审计踪迹系统中，建立审计日志是一种基本的方法。通过日志，系统管理员可以了解到有哪些用户在什么时间、以什么样的身份登录到系统，也可以查到对特定文件和数据所进行的改动。现在大多数的操作系统和数据库都提供了跟踪并自动记录的功能。

为了减少意外事件引起的对信息系统的损害，首先要制订应付突发性事件的应急计划，然后每日要审查应急措施的落实情况。应急计划主要针对一些突发性的、灾害性的事件，例如火灾、水害等。因此，机房值班员每日都应仔细审查相应器材和设备是否良好，相应资源是否做好了备份。资源备份包括两个方面的工作，即数据备份和设备备份，数据备份是必须要做的，在关键的领域，还必须进行设备备份。

1.3.4 信息系统的维护与升级

系统运行过程中可能会出现各种问题，如因系统错误出现的问题，因需求变更出现的问题等。为了解决这些问题，使系统能正常进行，需要对系统进行相应的维护。为了使系统的性能更高或适应新的业务需求，还需要有计划地升级原有的信息系统。

1)信息系统的维护

信息系统维护，主要包括硬件设备的维护、应用软件的维护和数据的维护。

(1)硬件维护

硬件的维护应有专职的硬件维护人员来负责。主要有两种类型的维护活动，一种是定期的设备保养性维护，保养周期可以是一周或一个月不等，维护的主要内容是进行例行的设备检查与保养、易耗品的更换与安装等；另一种是突发性的故障维修，即当设备出现突发性故障时，由专职的维修人员或请厂方的技术人员来排除故障，这种维修活动所花时间不能过长，以免影响系统的正常运行。

(2)软件维护

软件维护主要是指根据需求变化或硬件环境的变化对应用程序进行部分或全部的修改。修改时，应充分利用原程序，修改后要填写程序修改登记表，并在程序变更通知书上写明新老程序的不同之处。软件维护的内容一般有正确性维护、适应性维护、完善性维护和预防性维护几个方面。其中，正确性维护，是指改正在系统开发阶段已发生而系统测试阶段尚未发现的错误；适应性维护，是指使应用软件适应信息技术变化和管理需求变化而进行的修改；完善性维护，是指为扩充功能和改善性能而进行的修改；预防性维护，是指为了改进应用软件的可靠性和可维护性以及适应未来的软硬件环境的变化，主动增加预防性的新的功能，以使应用系统适应各类变化而不被淘汰。

(3)数据维护

数据维护工作主要是由数据库管理员来负责，主要负责数据库的安全性、完整性以及进行并发性控制。数据库管理员还要负责维护数据库中的数据，当数据库中的数据类型、长度等发生变化时，或者需要添加某个数据项、数据库时，要负责修改相关的数据库、数据字典，并通知有关人员。另外，数据库管理员还要负责定期出版数据字典文件及一些其他的数据管理文件，以保留系统运行和修改的轨迹。当系统出现硬件故障并得到排除后，要负责数据库的恢复工作。

数据维护中还有一项很重要的内容，那就是代码维护，不过代码维护发生的频率相对较小。代码的维护(如订正、添加、删除甚至重新设计)应由代码管理小组(由业务人员和计算机技术人员组成)进行。变更代码应经过详细讨论，确定之后要用书面形式写清贯彻。代码维护的困难往往不在于代码本身的变更，而在于新代码的贯彻。为此，除了成立专门的代码管理小组外，各业务部门要指定专人进行代码管理，通过他们贯彻使用新代码。这样做的目的是要明确管理职责，有助于防止和订正错误。

2)信息系统的升级

由于企业所面对的市场环境和技术环境这样两类环境的变化，信息系统必须升级。升级与系统维护密切相关，系统适应性维护和完善性维护的结果可能就是升级的版本。

升级与维护的区别有两点，一是升级体现出更明确的计划性和目标性，而维护则更多地体现为应急性；二是升级更多地体现为里程碑性和质的飞跃，比如硬件升级或软件升级，而维护则更多地体现为日常性和量的积累。

1.4 IT管理概述

1.4.1 含义

IT管理(Information Technology Management)是指规划、利用并管理企业的各种IT资源向企业组织顺利交付高质量的IT产品或服务，或是为企业业务或战略目标的实现提供支持。IT管理发生在IT应用和基础设施运行维护的过程中，并通过控制组织、应用软件和基础设施来实现IT服务与用户的功能和绩效需求保持一致，包括运营、战术和战略三个层面并涉及三个层面所有人员。

以往，一组IT资源专用于特定的计算技术、业务应用或业务线，不容易根据实际需求进行优化或重新配置，是一种"筒式"管理方式。而实行IT管理，则可以充分利用资源，通过建立内外环境的关系网络，使用技术提升IT组织的整个价值链，并保证技术和业务策略的一致性。特别地，IT管理强调企业根据需要和优先级来管理IT资源。

IT的范围有狭义和广义之分，IT管理也是如此。广义上，IT管理可以指组织中与IT相关的管理活动；而狭义上，IT管理一般主要是针对已经上线使用的IT基础设施和应用系统进行监控和维护的一系列活动，可将IT管理理解为IT部门在IT系统运行阶段中在管理方面采用的方法论、手段、技术、制度、流程及文件的统称。IT管理包含了一些基本的管理功能，如预算、人员配置、变更管理、组织和控制以及一些与企业特点对应的软件设计、网络规划、技术支持等。

按照生命周期进行划分，IT管理可以进一步分为软件开发管理、测试管理、IT项目实施管理、IT运维管理等。按照管理对象分，IT管理可以进一步分为IT技术管理、IT人员管理、IT流程管理、IT风险管理、IT项目管理、IT质量管理、IT财务管理等。IT技术管理又可以进一步划分为桌面管理、网络管理、服务器管理、数据库管理、应用管理、中间件管理、存储管理等。

1.4.2 IT 管理的发展阶段

目前来讲，IT 管理的发展被认为经历了以下四个阶段：

(1)设备管理阶段

事实上，从计算机出现的第一天起，IT 管理就存在了。只是在该阶段，IT 管理的主要任务是管理计算机硬件设备，一般都是硬件设备厂商提供的设备级的管理工具，因此没有专门的 IT 管理手段，主要采用人工方式进行。

(2)网络和系统管理阶段

到 20 世纪 60 年代，信息系统开始兴起，计算机设备在企业中的应用也越来越广泛，这时 IT 管理的任务除了设备管理阶段的硬件管理之外，还增加了对信息系统本身的管理。20 世纪 60 年代到 90 年代是系统管理高速发展和趋于成熟的时期，在这段时期内，企业内和企业间的网络得到普遍应用，网络管理成了 IT 管理中一项日益重要的工作。特别是伴随 20 世纪 90 年代中期 Internet 的兴起和随后的快速发展及广泛应用，企业纷纷采用分布式系统管理和网络管理。到现在，系统管理和网络管理已经融为一体，一般不再作明确区分。

网络系统管理(Network System Management，NSM)阶段主要针对网络中的底层设备进行实时的、统一的监控，当网络中出现了问题或者即将出现问题的时候，网络系统管理向网络管理者提出故障定位和报警，这无疑大大方便了网络管理员的工作。传统运维的领域即来自该阶段的工作内容，关心 IT 架构中的各独立对象，是一种以技术为中心、只关注现状的维持、很少关注整体 IT、面向对象的服务模式。

在该阶段，IT 专业职能部门的工作内容是基于 IT 组件确定作业目录，作业手册是核心。起初，IT 部门对 IT 系统配置的管理方法是采用文件记录的方式，例如采用 Excel 表格记录当前服务器数量及所安装软件，或者采用拓扑图的方式记录设备之间的接口。随着信息化的发展、设备的日益增多，IT 部门则通过构建配置管理数据库(Configuration Management Database，CMDB)实现 IT 系统的自动化监测。在日常工作中，CMDB 保存了 IT 基础架构配置的准确信息，可以用于分析 IT 组件故障对业务和客户的影响，有助于故障的排查、变更和隐患的影响分析。而且无论是更换外包服务公司，还是技术人员的升迁和变化，构建 CMDB 可保障 IT 部门拥有一个完整的、动态的配置关系图。

(3)服务管理阶段

随着企业信息化项目多年的建设积累，IT 系统进一步扩大。另外，业务系统涉及的环节逐渐增多，企业的关注点也从单点管理转变为综合管理，从关注单一网络转变为关注业务系统。一方面，信息化系统的快速发展趋势意味着企业信息系统的运营维护面临越来越多的压力，如急剧增长的信息系统访问流量和用户数量；应用环境变得越来越复杂、庞大、异构化；对应用系统连续性和风险可控性要求增加明显。另一方面，IT 的发展促使企业的业务运作模式从传统的业务运作模式转变到以 IT 运用为基础的现代业务运作模式，比较突出的是 IT 的发展对企业的业务流程产生了很大的影响，如计算机和互联网的应用使得企业能够更加快捷地将自己的产品和服务推向市场，使业务的处理变得更加快捷和动态。这时就产生了对 IT 服务流程进行管理的需求，由此 IT 管理进入 IT 服务管理(IT Service Management，ITSM)阶段。

在该阶段，关注的是各种服务，也即在实践中基于服务确定服务目录，关注系统级运维，以业务提出的需求进行被动式调整，流程规范成为核心。该阶段的运维设计和实践是以服务为导向进行的，绝不仅仅是具有服务理念的网络系统管理阶段的传统运维。

在目前的企业中，服务常常是以软件的方式呈现的，软件即服务概念(Software-as-a-Service，SaaS)。此时服务团队关注的是系统级或一个完整的服务，对流程建设很关注，服务目录也会面向整个服务去考虑，所以服务范围更广，较多的企业已经按照 IT 服务管理标准或框架进行了实施。在组织层面，运维组织往往突破专业团队的单维结构，服务层面的建制开始完善，形成一个矩阵的组织形式或再加上流程管理的三权分立的组织模式。

(4)业务服务管理阶段

以上三个 IT 管理发展阶段均是以资源为中心，而业务服务管理(Business Service Management, BSM)被认为是 IT 管理最新发展阶段的理念，也即 IT 管理应以业务为中心。IT 管理的视角历程可以通过图 1-1 表示。

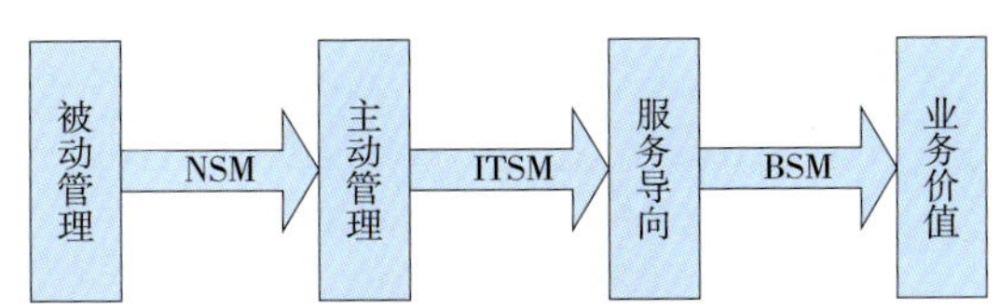

图 1-1　IT 管理的视角历程

从根本上讲，BSM 是一种基于业务流程梳理上的组织战略，而不是基于 IT 构架上的 IT 战略；是一个管理工程而不是技术工程；是 IT 与业务管理手段的一种整合与互补。根据调查研究，目前 IT 管理在业务—IT 匹配、业务敏捷度和市场响应速度、业务流程管理和再造、企业生产力和成本缩减、IT 可靠性和有效性、IT 战略规划、安全和隐私、企业架构、IT 创新绩效和项目管理十个方面有比较多的问题[9]。这可以看出大部分问题还是围绕着业务的，因此 IT 运营工作的重点应放在业务成果上，也即 IT 人员不仅需要了解管理复杂的 IT 基础设施所需的所有关键技术问题，还需要了解这些技术问题对业务的影响程度。BSM 有效的核心要求是能够精确指出基础设施事件对较高级的业务服务的影响。如，公司在芝加哥的办事处的故障路由器会对其网上订购系统产生怎样的影响？应当由哪个域负责解决该问题？维修该设备需要多长时间？应该通知谁？通过了解此类问题的答案，在了解基础设施最底层采取的措施如何转化为日常业务问题方面，IT 部门处于非常有利的位置。

实施 BSM，第一步必然是定义业务，其过程超过 CMDB 模型定义的复杂度，要做到完全穷尽、相互独立绝非易事，它会影响整个组织的管理体系，包括财务管理与组织结构；第二步则是基于业务确认服务目录，关注企业整体运营，定义组织真正的核心竞争力，将 IT 战略与业务战略实现对接，IT 与业务的动态影响关系得以体现与管理，使 IT 的管理体系与业务的管理体系真正合为一体，使每个业务的所有资源、过程、收益、成本、状态均是清晰的。

在实际操作中，通过业务影响分析，IT 人员可以更方便地确定事故的优先级，并将紧急程度与事故工单关联起来。例如，根据影响分析，IT 人员可以为对关键服务有直接影响的事件发出一个高优先级工单；而对于需要解决以维护服务性能，但服务降级较慢的问题，则发出优先级较低的工单。此外，发出工单时，可以在工单中填写重要的上下文信息，如受影响服务的名称和估计修复时间。然后，服务台可以告诉业务用户或客户服务的预期恢复时间，使他们可以根据最新的有用信息制订行动计划。

可以预见，尽管 BSM 仍然在探索过程中，但确实是一种全新的企业管理理念，可以预见 BSM 会将战略管理、人力资源管理、财务管理、绩效管理、生产管理、库存管理、销售管理等以往自成一体的理论统摄在一个框架体系中，使 IT 与业务能真正地进行融合与发展。

1.4.3　IT 管理的主要内容

根据 IT 系统运营阶段的特点，IT 管理可以划分为三大部分，如图 1-2 所示。

1)运行/维护

该部分是 IT 管理的核心和重点部分，也是内容最多、最繁杂的部分，该阶段主要用于 IT 部门内部日常营运管理，涉及的对象分成两大部分，即 IT 业务系统和运维人员，该阶段的管理内容又可细分为九个子系统[10]：

(1)设备管理

对网络设备、服务器设备、操作系统运行状况进行监控和管理。

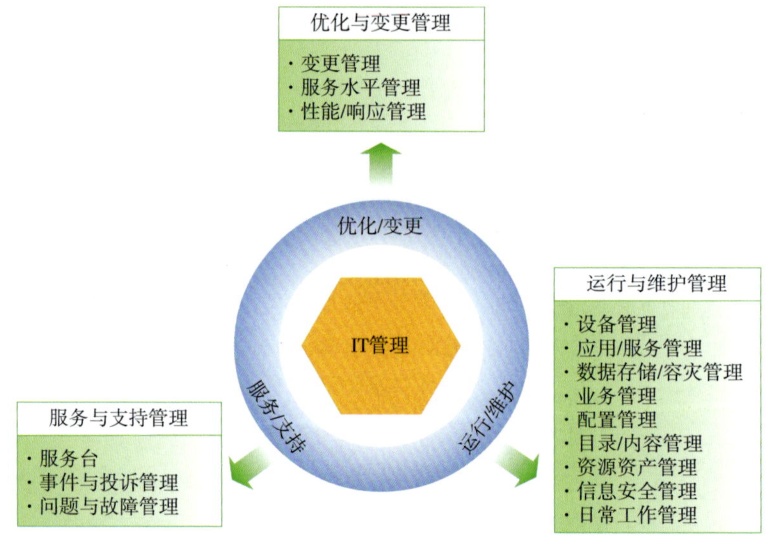

图 1-2　IT 管理划分示意图

(2)应用/服务管理

对各种应用支持软件(如数据库、中间件、群件)以及各种通用或特定服务(如邮件系统、DNS、Web 等)的监控与管理。

(3)数据存储/容灾管理

对系统和业务数据进行统一存储、备份和恢复。

(4)业务管理

包含对企业自身核心业务系统运行情况的监控与管理，对于业务的管理，主要关注该业务系统的关键成功因素(Critical Success Factors，CSF)和关键绩效指标(KPI)。

(5)配置管理

主要详细记录数据库应用和基础体系结构中的各种软硬件信息，供其他流程使用。

(6)目录/内容管理

该部分主要是对于企业需要统一发布或因人定制的内容管理和对公共信息的管理。

(7)资源资产管理

管理企业中各 IT 系统的资源资产情况，这些资源资产可以是物理存在的，也可以是逻辑存在的，并能够与企业的财务部门进行数据交互。

(8)信息安全管理

该部分包含了许多方面的内容，目前信息安全管理主要依据的国际标准是 ISO 17799，该标准涵盖了信息安全管理的 10 大控制方面、36 个控制目标和 127 种控制方式，如企业安全组织方式、资产分类与控制、人员安全、物理与环境安全、通信与运营安全、访问控制、业务连续性管理等。

(9)日常工作管理

该部分主要用于规范和明确运维人员的岗位职责和工作安排，提供绩效考核量化依据，提供解决经验与知识的积累及共享手段。

IT 运行维护管理的每一个子系统中都包含着十分丰富的内容，实现完善的 IT 运维管理是企业提高经营水平和服务水平的关键。运行/维护阶段与服务/支持阶段的分界线为：前者是面向 IT 部门内部的管理，而后者是面向业务部门、企业中的其他人员或直接面向客户。

2)服务/支持

该阶段主要为 IT 部门的运维人员向其他人员(内部和外部)提供服务与支持，内容主要包括用户投诉与申告的及时响应与处理，系统故障发现、通知、分派、监督、解决、回馈流程的死循环方式管理。

该部分的实现会极大地提高 IT 部门的服务意识和服务水平、规范服务与技术支持的流程。该部分与优化/变更阶段的分界线是 IT 部门服务水平的考核是否能够满足业务部门或客户的要求，如果现有 IT 系统已经不能满足要求，则进入优化/变更阶段。

3）优化/变更

该部分指 IT 部门在 IT 系统、业务应用、软件开发的建设阶段结束，进入运营阶段后对系统优化、软件升级、设备配置和管理策略变更进行的管理。

（1）变更管理

主要用于建立合理、科学、规范的变更流程管理，包括立项/变更申请、审批、执行、数据和版本的一致性和连续性保持等。

（2）服务水平管理

通过定义服务水平协议，并利用相应监控手段、仿真用户行为以及用户体验追踪等方式考核 IT 部门为业务部门或客户提供的服务，并根据考核结果评价 IT 部门的运维工作情况，评估 IT 系统是否需要改造或替换。

（3）性能/响应管理

采集 IT 和业务系统的性能数据，定位系统性能瓶颈，诊断系统性能下降或不稳定原因，分析系统运行历史数据，推断系统运行趋势。

1.4.4 IT 管理和 IT 治理

无论从概念上还是实践中，IT 治理（IT Governance）与 IT 管理都存在混淆不清的现象。IT 治理是企业或政府采用有效的机制，使得 IT 的应用能够完成组织赋予它的使命，同时平衡信息化过程中的风险，确保实现组织战略目标的过程。IT 治理通过制度和措施使参与信息化过程的各方利益最大化，可以简单地理解为企业对 IT 的驾驭能力和方法。IT 治理和 IT 管理的区别，如表 1-1 所示。

IT 治理和 IT 管理的区别[12] 表 1-1

治理方法 / 项目	IT 治 理	IT 管理
目标	实现利益相关者（如股东和董事会）的利益平衡，激励和控制企业管理层	通过 IT 管理实现效益最大化
执行主体	利益相关者（如股东和董事会）	IT 管理人员（如企业管理层）
侧重点	侧重于制度建设（如制定 IT 信息化框架、IT 战略目标等）； 侧重于决策制订，如 IT 实施与运营决策、激励、控制，监督措施； 侧重公平，实现利益相关者的一种公平机制	侧重 IT 技术应用（如项目管理工具、开发平台等），强调 IT 资源的有效利用； 侧重执行决策，IT 实施与运营的落地与执行（如数据收集、处理和分析）； 侧重效率，为实现机制采取的措施或行动

美国 IT 治理协会对 IT 治理有如下定义：IT 治理是一种引导和控制企业各种关系和流程的结构，这种结构安排，旨在通过平衡信息技术及其流程中的风险和收益，增加价值，以实现企业目标。

以 IT 服务管理阶段为例，IT 服务管理聚焦于公司的信息及信息系统的战术和运营层面，通过梳理 IT 对业务的支持流程，以确保 IT 目标以及为此目标实现所采取的行动；而 IT 治理是指最高管理层利用它来监督管理层在 IT 战略上的过程、结构和联系，以确保这种运营处于正确的轨道之上。可以说 IT 治理包含 IT 服务管理，IT 治理更多的是从战略高度来阐述 IT 与业务战略的有机融合，而 IT 服务管理是在战术和运营层面具体实现IT治理的。

因而，无论是IT服务管理、业务服务管理，还是基础架构(网络、系统、数据库、存储、机房等)监控管理都是属于IT治理的范畴。如图1-3所示，基础架构监控管理、业务服务管理、IT服务管理的侧重点是不同的，可以理解为IT治理的三个维度。

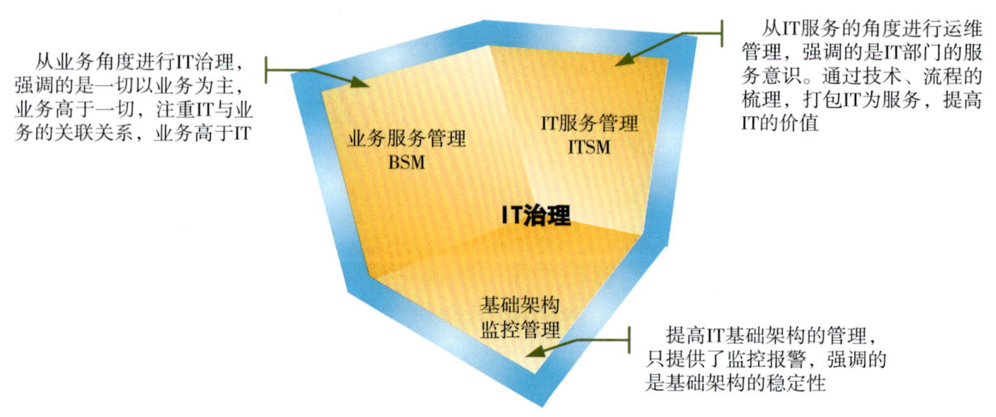

图1-3　IT治理的维度

基础架构监控管理对所有的IT基础架构进行监控管理，关注点在于整个IT基础架构的稳定性；业务服务管理从业务的角度展现IT和业务的关系，强调的是通过IT技术确保业务的稳定可靠，并为业务的开展提供便利，业务是高于IT的；而IT服务管理是目前IT运维管理的核心理念，通过对IT流程的梳理，将IT打包为服务提供给客户，并根据服务等级收取相应的费用，来提升IT部门的价值，提升运维管理的水平。IT基础架构是BSM和IT服务管理的基石，IT治理各维度管理对象的比较如图1-4所示。

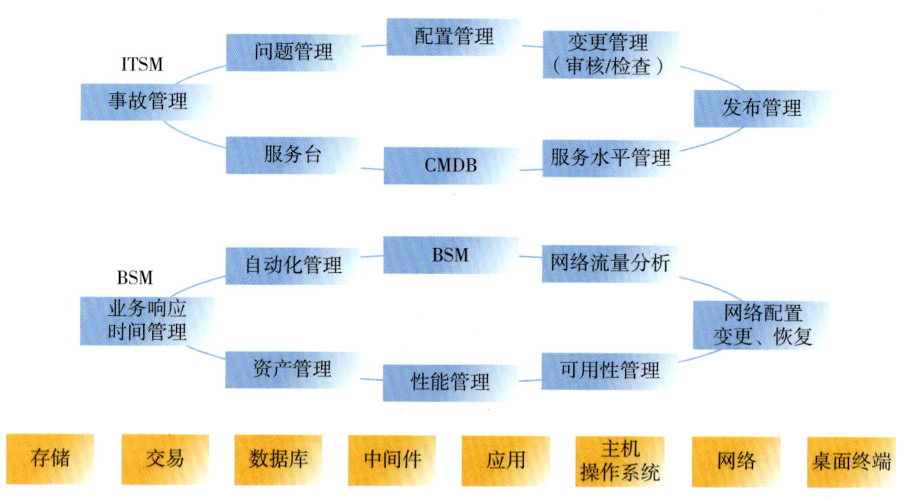

图1-4　IT治理各维度管理对象的比较

2 IT服务管理

软件/服务生命周期的运行阶段，具有时间跨度长、与组织业务息息相关的特点。好的 IT 服务管理才能带来好的组织业务服务质量。本章以 IT 服务管理为核心，介绍了 IT 服务管理的产生背景，阐述了 IT 服务管理的核心原理以及如何量化 IT 服务管理质量，并描述了 IT 服务管理的实施保障。

2.1 IT 服务管理含义

IT 服务管理是 IT 管理从对设备的管理上转移到 IT 服务的管理上的最新发展阶段。对 IT 部门而言，一方面需要对涉及 IT 的事项进行管理，需保持 IT 软硬件的正常运行，出现故障要及时解决；另一方面需要为其他部门提供 IT 服务，即保证 IT 系统能满足业务需求。IT 部门在以上两方面的方法，即可用“IT 服务管理”来概括。因此，IT 服务管理的概念本身没什么新意，只不过以前是隐性，它最早从 20 世纪 60 年代即被开始使用。

IT 服务管理经过三十多年的发展，已经逐渐成为一个新兴的领域和行业，受到人们的普遍关注，形成了一些国际性协会，如专注于审计标准 ISO/IEC 20000 的 IT 服务管理论坛(IT Service Management Forum，ITSMF)和 IT 服务管理专业协会(IT Service Management Professionals Association，IT-SMPA)等。IT 服务管理的内涵和管理范围在不断地调整和更新，目前有以下主流定义：

ITSMF 认为 IT 服务管理是一种以流程为导向、以客户为中心的方法，它通过整合 IT 服务与企业业务，提高了组织提供 IT 服务和对 IT 服务进行支持的能力和水准[13]。

美国著名管理咨询公司加特纳(Gartner Group Inc)将 IT 服务管理定义为一系列通过服务级别协议来确保 IT 服务质量的互相协作的流程，它涉及系统管理、网络管理、系统开发管理等管理活动以及变更管理、资产管理、问题管理等许多流程的理论和实践。

从以上定义可以看出，目前对 IT 服务管理的定义主要是狭义上的，即 IT 服务管理主要是采用流程化的方法确保 IT 服务质量满足业务的需求。在中国目前的实践中，IT 服务管理很多时候干脆被理解为 IT 运维管理。

《中国 IT 服务管理指南》[14]总结了主流观点，将 IT 服务管理定义总结为“IT 服务管理是指从人员、技术和流程三方面提升 IT 服务的效率和效果，确保 IT 服务与组织的业务需求保持一致的一整套管理方法和体系”，并从宏观、中观及微观三个层次解释 IT 服务管理，如图 2-1 所示。

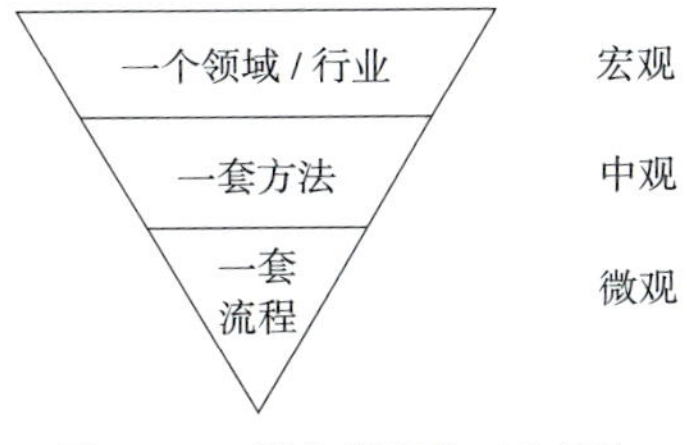

图 2-1　IT 服务管理的三个层次

从宏观的层次来说，IT 服务管理已在世界范围内成为一个新兴的独立行业，具有完整的价值链。这一行业的参与者包括标准制定者和方法开发者、软件厂商、咨询和研究公司、专业的培训公司、出版组织以及为数众多的客户等。

从中观的层次来说，IT 服务管理是一种以流程为导向、以客户为中心的 IT 管理实施方法，它通过一系列的流程、标准和方法，帮助企业对 IT 系统进行规划部署、研究开发，进行有效的营运管理，从而提高 IT 服务的能力与质量。IT 服务管理强调人员、信息技术(标准)和流程的有机结合。

从微观的层次来说，IT 服务管理如加特纳所定义的，是一组以 ITIL(信息技术基础设施库)为基础的服务流程。

2.2 IT服务管理基本内容

2.2.1 核心理念

IT服务管理的核心思想是，IT组织，不管它是企业内部的还是外部的，都是IT服务提供者，其主要工作是将IT资源转化为有价值的服务。同时，对IT服务管理的品质与成本进行量化，根据客户购买的IT服务提供相应等级的服务。它的实施目标有三点：以客户为中心提供IT服务；提供高质量、低成本的服务；提供的服务可以准确计价。

具体而言，IT服务管理所包含的核心理念有以下几点：[14]

(1)以流程为导向

IT服务管理是以服务为中心的管理，与传统以技术为中心的IT管理有根本的区别。主要体现在IT服务管理是将传统IT管理的重点，如各种技术管理工作(服务器管理、系统软件管理、网络管理等)进行规范整合，形成典型流程，并且赋予每个流程以特定的目标、范围和职能，从而加强了IT管理的全面性和综合性，使IT对组织业务的支持更为彻底和有效。

(2)以客户为中心

IT服务管理在实施每个管理流程时都是从客户需求的角度出发的。IT服务管理强调根据客户的需求(在企业内部则为业务需求)对IT进行“量身定做”式的管理，通过提供高品质的IT服务提高客户的满意度。

(3)服务可计量

IT服务管理开发了一系列流程和方法，目标是提供高质量、低成本的IT服务，强调以合理的成本提高IT服务的品质和客户的满意度。在提供IT服务时，按照成本效益原则在服务质量和服务成本之间选择合理的平衡点。当用户需要IT服务时，IT运维部门根据客户的需求为客户定制特定的IT服务套餐，并灵活、及时、有效地提供给客户，这样既有利于保证服务质量，也有利于做出预算供客户选择。

2.2.2 范围

IT服务管理的主要目标是对客户的IT需求进行管理，其目的是使得IT和用户需求能够有效地整合，从而提升用户的满意度。IT服务管理主要针对企业业务与IT的整合，而不是业务管理本身。因而它与企业资源规划(Enterprise Resource Planning，ERP)，客户关系管理(Customer Relationship Management，CRM)和供应链管理(Supply Chain Management，SCM)等管理方法和管理软件之间有明确的界限。这一界限是，IT服务管理面向IT管理，而其余几种面向业务管理或者为业务管理提供支持。

此外，虽然技术管理是IT服务管理的重要组成部分，但它并不侧重于技术的管理以及产品细节，有关IT技术的技术管理工作是系统管理和网络管理的任务，而IT服务管理的最终使命是如何有效地利用IT资源恰当地满足业务部门的需求，提供一个组织IT活动的框架，指导实现业务客户、用户与IT技术人员的交互。从客户的角度而言，他们只需关心需求是否通过IT服务得到满足，至于IT服务本身通过什么样的技术去满足其要求，客户不用也没有必要关心。

IT服务管理与管理信息系统(Management Information System，MIS)有关系，但IT服务管理是从实践者的角度考虑将IT交付给业务，这与MIS根据业务的信息需求来考虑IT是相反的。同样是关注流程，IT服务管理与流程改进框架和方法论，如全面质量管理(Total Quality Management，TQM)，六西格玛(6 Sigma)，BPM，能力成熟度集成模型(Capability Maturity Model Integration，CMMI)等有共同关注点。IT服务管理广义上与业务服务管理和IT项目组合管理(IT Portfolio Management)重叠，特别是在IT

规划和财务控制领域，一般关注后台或者 IT 管理的运营，而不关注技术发展，在这方面 IT 服务管理类似于 IT 的 ERP。使用 IT 服务管理有利于 IT 治理目标的实现，但不包括项目规划或项目管理。如在英国，信息技术基础设施库通常与 PRINCE2(PRojects IN Controlled Environments 2)项目方法论和结构系统分析设计方法(Structured Systems Analysis and Design Method)一起用于系统开发。

因此，IT 服务管理是 IT 服务提供商通过整合技术团队、IT 资源和相关流程为服务对象提供维护维修、保障等维护和管理服务来满足客户的信息需求。

2.2.3 实践方法

IT 服务管理通过以下的实践方法实现了 IT 服务管理的核心理念：

(1)通过"二次打包"将传统的 IT 管理转换成 IT 服务管理

"二次转换"是 IT 服务管理中的基本原理，揭示了实现从传统 IT 管理向 IT 服务管理转变的过程。如图 2-2 所示，第一次转换是将各种网络管理、服务器管理和系统管理等技术管理工作梳理成典型流程；第二次转换是"打包"，即根据用户需求将这些典型流程进行打包处理，转换成专门的 IT 服务提供给有需求的客户，实现了 IT 技术的"商业化"。

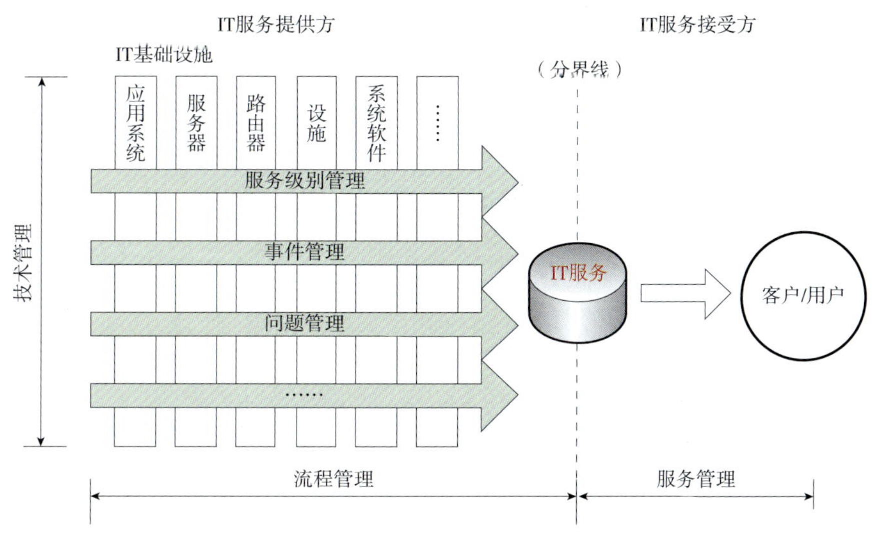

图 2-2 IT 服务管理基本原理示意图

这样的方式体现了以客户为中心的核心思想，因为从客户的角度而言，他们需要的是 IT 所提供的服务。客户没有必要，也不可能对 IT 有太多的了解，客户和 IT 部门之间的交流，应该使用"商业语言"，而不是"技术语言"，IT 对客户应该是透明的。

(2)将 IT 管理归纳为"10 个核心流程"和"1 项管理职能"(服务台)

IT 服务管理工作烦琐而复杂。IT 运营方面的问题，更多的不是来自技术，而是来自管理方面。因而 IT 服务管理将各项 IT 服务管理技术归纳成"10 个核心流程"和"1 项管理职能"。一方面避免了不必要的重复劳动，减轻了运维人员的负担；另一方面大大降低了由于人为的疏忽和失误造成的经济损失，从而降低了服务成本。如上所述，将 IT 管理归纳为典型流程也是提升服务质量的必要条件。

(3)通过服务级别协议(Service Level Agreement，SLA)保证 IT 服务的水平和质量

为了灵活、及时和有效地提供这些 IT 服务，并保证服务质量、准确计算有关成本，服务提供商就必须事先对服务进行一定程度上的分类和"固化"。SLA 是满足这些要求的一种比较理想的方式。

服务级别管理是 IT 服务管理的十个核心流程之一，它由签订服务级别协议(SLA)以及签订服务级别协议后对服务品质的评价等一系列活动所组成，旨在确保组织所需的 IT 服务质量在成本合理的范围

内得以维持并逐渐提高。

服务级别管理的目标有以下四点：

①明确客户的业务需求及相应的 IT 服务需求。

②确保以合理的成本提供约定的 IT 服务级别。

③确保实际的 IT 服务级别达到约定的服务级别的要求。

④改善客户关系和提高客户满意度。

签订明确的服务级别协议，对于 IT 服务管理的客户体验至关重要，在编写 SLA 的过程中，IT 服务管理的提供商可以充分理解客户提出的要求，并让用户理解服务的内容和范围，可以有效地加强和客户的关系，改善 IT 服务质量。

2.2.4 与传统 IT 管理的比较

传统 IT 管理的主要内容是网络系统管理。管理对象包括网络平台系统、操作系统、数据库等。主要工作包括对网络平台系统运行状况的监控并实现对网络故障的告警与反应，实现对网络设备的配置管理、性能管理等。

本节从 IT 人员结构、核心理念、技术流程角度对 ITSM 和传统 IT 管理进行比较，说明 IT 服务管理的优势。

(1)人员结构的比较

传统 IT 管理工作按照职能不同将 IT 管理划分成若干子部门，以技术为导向进行集中管理，其组织结构如图 2-3 所示。

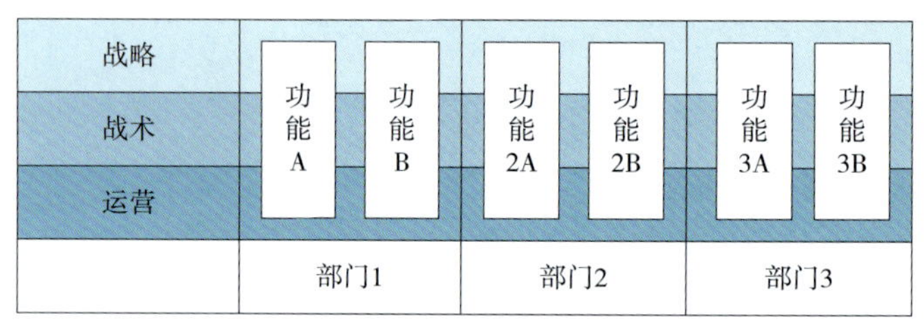

图 2-3 传统 IT 管理的组织结构

这一体系的优点是通过不同部门的划分明确规定了每个人的职责和角色，有利于在部门内部有效地产生知识集中，提升个人的工作效率。但是这一体系限制了 IT 服务水平的提升，有如下缺点：

①容易形成部门特权，从而使各部门不关注客户的需求。

②无法从整个 IT 架构系统视角进行管理。部门间常常由于使用不同的管理产品使数据无法互通，缺乏协作。

③不同部门间缺乏沟通，容易形成技术瓶颈，对于核心技术人员的依赖大。

IT 服务管理通过流程管理 IT 服务技术，并且制定了一整套的技术规范和操作流程，技术人员根据流程和规范处理问题，如图 2-4 所示。

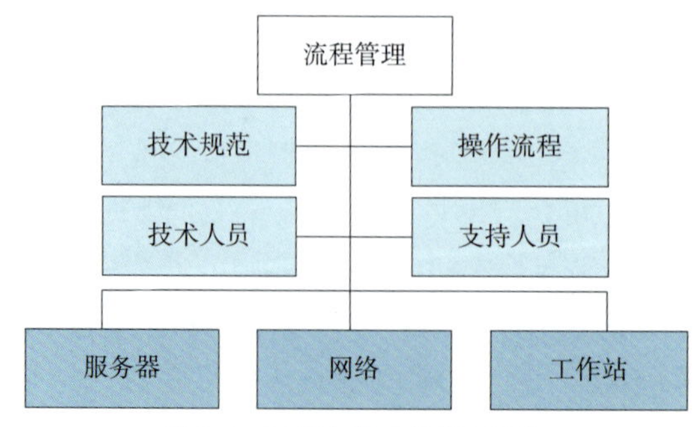

图 2-4 IT 服务管理的管理结构

IT 服务管理的管理结构的优点在于：首先明确了客户需求的中心地位，部门间一切工作的核心是为了让客户的需求得到满足，提升客户的服务体验；其次，围绕流程管理，各部门都能明确上下游的要求和产出，可以以流程为中心紧密协作。由于不同流程之间具有独立性，部门的职责也比较清晰。另外，由于有明确的技术规范和操作流程可以参照，IT 服务管理不再依赖于少数核心技术人员。

(2)核心理念的比较

相对传统的 IT 服务而言，IT 服务管理更能够体现现代企业的发展理念，更有利于企业在激烈的市场竞争中获得优势。另外，IT 服务管理强调人员、技术和流程三大要素的有机结合，在实施过程中不仅部署相应的管理工具，同时根据企业的实际情况制订人员的岗位职责、设计工作流程，以及突发事件和问题管理流程等。IT 服务管理和传统 IT 管理的核心理念比较如表 2-1 所示。

IT 服务管理和传统 IT 管理的核心理念比较　　表 2-1

管理方式 / 理念维度	传统 IT 管理	IT 服务管理
管理哲学	命令与控制	协调与学习
工作态度	自我中心	相互配合
考核对象	个人	流程/团队
关注点	任务	服务需求/成本
变革管理	被动反应	主动管理
改进对象	更好的员工	有效的流程
改进方法	纠正错误	规范流程/制度
驱动因素	局部最优	系统最优

2.3 IT 服务管理标准及实践框架

IT 管理人员可使用多种 IT 服务管理标准和实践框架。

2.3.1 IT 基础架构库

1982 年发生在英国和阿根廷之间的马岛战争中，英国由于导弹计算发射出错而失败。战后英国政府反思原因，责成当时的英国中央计算机与电信局[Central Computer and Telecommunications Agency, CCTA，现已并入英国政府商务部(Office of Government Commerce, OGC)]开发了一套针对政府行业的信息技术基础架构管理方法论(Government Information Technology Infrastructure Management Methodology, GITMM)，以指导政府机构高效、经济地使用 IT 资源。这套方法论就是信息技术基础设施库(Information Technology Infrastructure Library, ITIL™)的最初来源。

ITIL 把英国各个行业在 IT 管理方面的最佳实践总结归纳起来变成规范，其目的在于通过一套规范化管理体系和标准化流程来实现对 IT 服务有序、高效的管理，提高 IT 资源的利用率和服务质量，使得 IT 服务管理方法更加完善，提高营运管理效率，保障 IT 系统的健康稳定运行，使运营人员摆脱被动式响应、“救火队”式的管理模式。

ITIL 是一种经常应用的最佳实践方法。作为 IT 服务管理的实践框架，独立于厂商并且可适用于不同规模、不同技术和业务需求的组织，它很快就得到了普及应用，被欧洲其他国家和地区广泛采用，并逐渐成为 IT 服务管理领域的标准，其专业名词也得到广泛应用。

ITIL 所给出的指导可用于多个方法中，如可作为组织框架或知识(组织从 IT 中所需要的实际业务结果)的标准和主体，或广义的服务交付理论中的方法(因为 IT 服务总是和业务紧密相连)。

到目前为止，ITIL 已经开发出三个版本，演化历程如图 2-5 所示。最新的版本是 V3，并于 2011 年进行了更新。其中 ITIL V2 是基于流程的，分为两大类流程，即服务支持和服务交付。ITIL V3 尤其引入了“生命周期”的概念，当开展一项服务时，组织中不同的管理层和成员都参与到该服务的生命周期中，包括服务战略、服务设计、服务转换、服务运营、服务改进五个阶段的活动。生命周期模型的引入改变了模块之间相互割裂、独立实施的局面，从战略、战术和运作三个层面针对业务和 IT 快速变化提出服务管理实践方法。ITIL 2011 于 2011 年 7 月发布，是 V3 的更新版而非全新改版，从全局角度对各个生命周期阶段、组织确定的角色及其责任做出了明确的说明，阐述了整个服务生命周期中各生命周期间的接口、输入、输出。而在 ITIL 2011 中没有任何新的概念，有少量新的流程，更多的是对原有流程的进一步明确、细化和改进。

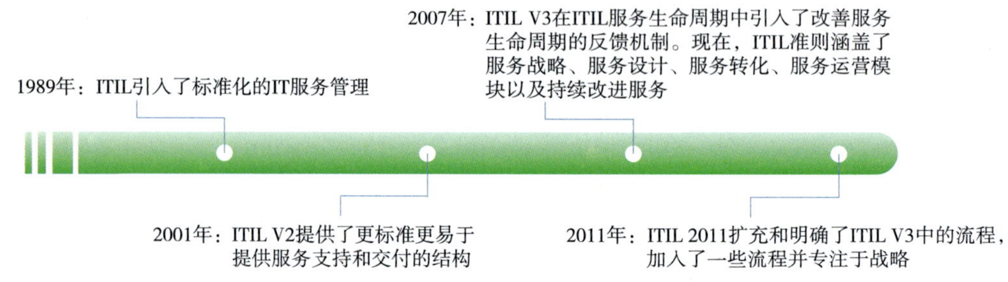

图 2-5　ITIL 的演化历程

在 ITIL 的版本更新过程中，Accenture、Avanade、Fox IT、惠普、朗讯科技/NetworkCare 专业服务、微软顾问咨询服务（MCS）和微软操作运转与技术支持集团（OTG）等知名公司多年积累的宝贵 IT 操作运行经验均被 ITIL 所收录。

基于 ITIL 的框架和方法，很多 IT 服务管理标准被开发出来，成为国家或国际的认证标准，其中最突出的是下面将提到的 BS 15000 及 ISO/IEC 20000。而在实践中，并不需要使用 ITIL 中的所有流程。只应用 ITIL 部分内容的 IT 服务管理方法有 ITIL Lite、FITS、CoPr、OpenSDLC. org、MOF 4、ITUP 7、FitSM 等。

2.3.2　IT 服务管理审计标准

在国际 ITSMF 2001 年的年会上，英国标准协会（British Standard，BSI）公布了一套针对 IT 服务管理的国家标准，名为 BS 15000。2002 年，BS 15000 被提交给国际标准化组织（ISO），申请成为 IT 服务管理国际标准。国际为此设立了一个专门工作组，经过投票、讨论、改写和编辑工作，在 2005 年 12 月 15 日正式发布为国际标准，即 ISO/IEC 20000。

ISO/IEC 20000 是 IT 服务管理领域的第一个国际标准体系。它规定了 IT 组织在向其内外部客户提供 IT 服务和支持 IT 服务过程中所需的工作，通过这些规定，展示了一套完整的 IT 管理流程，旨在帮助 IT 组织识别并管理 IT 服务的关键流程，确保向业务和客户提供高质量的 IT 服务。

ISO/IEC 20000 是在 ITIL V2 的基础上发展起来的，它采纳了 ITIL V2 中的全部主要流程，并对几个关键的管理流程做了补充。它的出现弥补了 IT 服务管理领域仅有最佳实践而无评判标准的缺憾，是 IT 服务管理最佳实践体系中不可或缺的组成要素。

ISO/IEC 20000 使用通用的术语和服务标准，并具有完整和正式的认证体系，提供正式的 IT 服务管理质量标准审核规范，为评估组织内部的 IT 服务质量提供通用且可审计的标准。

ISO 20000 是一种全面集成的 IT 服务质量管理规范，它从流程、人员、技术和合作者四个方面，来规划企业的 IT 管理架构，对 IT 部门发现问题、找到解决办法具有非常重要的参考价值。

为实现 ISO 20000 认证，需完成“全、面、线、点”几方面的工作：

“全”：全面覆盖所有流程和管理领域，满足认证要求。

“面”：管理体系的建设，使中心领导到流程经理、员工都有质量体系的意识。

“线”：所有流程都梳理并建制完成，并细化到实施。

“点”：重点突破，以信息安全、容量管理、业务关系管理作为重点，着力进行突破，对可用性、可持续性、供应商、服务级别管理进行大量的完善。

ISO 20000 认证咨询方法论的框架，由准备、评估分析、差距弥补、审计准备、认证咨询五个阶段组成的项目实施生命周期和由持续改进、监督审计组成的持续不断的改进循环所组成。

另一个衡量组织的能力和服务管理成熟度的标准是信息及相关技术的控制目标(Control Objectives for Information and related Technology，COBIT)，这是目前国际上通用的信息系统审计的标准。该套标准由国际信息系统审计与控制协会(Information Systems Audit and Control Association，ISACA)制定，于1996 年公布，目前已更新至 5.0 版。COBIT 的目标是面向企业的管理层和业务流程负责人，建立一个IT 治理模型，帮助他们加深对 IT 相关风险的理解并采取合理措施对其进行有效控制。使 COBIT 的 IT 过程、IT 资源与企业的策略目标发生联系，形成一个三维的体系结构。它把 IT 细分为与计划、建设、运营和监控领域的职责相一致的 4 个域及 34 个流程。它建立了 IT 目标与业务目标的联系，提供测量 IT 目标和业务目标成果的度量和成熟度模型，确定业务和 IT 流程所有者的相关职责。实际上，COBIT 框架是在业务目标和 IT 治理目标之间建立起交互的一座桥梁。

2.3.3 信息安全管理标准

对信息安全的要求是随着组织业务对信息技术的依赖而产生的。通过标准化的管理全面应对信息安全问题是人们普遍关注的焦点。信息安全管理国际标准 ISO/IEC 27001 的前身为英国的 BS 7799 标准，由 BSI 于 1995 年 2 月提出，并在同年 5 月修订而成。最初的成果是《信息安全管理实施细则》，提供了一套综合的、由信息安全最佳惯例组成的实施规则，其目的是作为确定工商业信息系统在大多数情况下所需控制范围的参考基准，并且适用于大、中、小组织。1998 年英国公布标准的第二部分《信息安全管理体系规范》(BS 7799-2)，作为一个组织的全面或部分信息安全管理体系评估的基础，也可以作为一个正式认证方案的根据。因而 BS 7799 最终由《信息安全管理实施细则》(BS 7799-1)和《信息安全管理体系规范》(BS 7799-2)两个部分组成。

其中，BS 7799-1 对信息安全管理给出建议，供负责在组织内启动、实施或维护安全的人员使用；BS 7799-2 说明了建立、实施和文件化信息安全管理体系(ISMS)的要求，规定了根据独立组织的需要应实施安全控制的要求。

2000 年，ISO 在 BS 7799-1 的基础上制定通过了 ISO 17799：2000 标准，并在2005 年经过改版，形成了新的 ISO/IEC 17799：2005。2007 年 7 月，为了和 ISO/IEC 27001 保持统一，ISO 组织将 ISO/IEC 17799：2005 正式更改编号为 ISO/IEC 27002：2005。

2002 年 9 月 5 日，BS 7799-2：2002 正式发布。2002 标准主要在结构上做了修订，引入了戴明质量循环(Plan-Do-Check-Act，PDCA)的过程管理模式，建立了与 ISO 9001、ISO 14001 和 OHSAS 18000 等管理体系标准相同的结构和运行模式。2005 年 10 月，BS 7799-2：2002 正式转换为国际标准 ISO/IEC 27001：2005。其演变过程如图 2-6 所示。

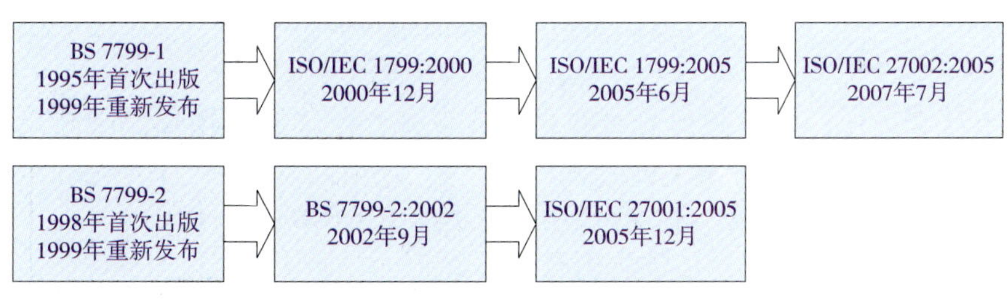

图 2-6 ISO 27000 系列演变过程示意图

尽管 ISO/IEC 27001 和 ISO/IEC 27002 都是由 BS 7799 发展而来，但是侧重不同。ISO/IEC 27002 是信息安全管理实施细则(Code of Practice for Information Security Management)，其中包含了 11 个主题，定义了 133 个安全控制。ISO 27001 是建立信息安全管理体系(Information Security Management System，ISMS)的一套规范，其中详细说明了建立、实施和维护信息安全管理体系的要求，指出实施机构应该遵循的风险评估标准。作为一套管理标准，ISO 27001 指导相关人员怎样去应用 ISO/IEC 27002，最终目的在于建立适合企业需要的信息安全管理体系。

2.3.4 中国的 IT 服务标准

IT 服务标准(Information Technology Service Standards，ITSS)是在工业和信息化部、国家标准化委的联合指导下，由 ITSS 工作组研制的一套 IT 服务领域的标准库和一套提供 IT 服务的方法论。ITSS 标准体系是我国 IT 服务行业最佳实践的总结和提升，也是我国从事 IT 服务研发、供应、推广和应用等各类组织自主创新成果的固化。ITSS 是一套成体系和综合配套的信息技术服务标准库，全面规范了 IT 服务产品及其组成要素，用于指导实施标准化和可信赖的 IT 服务。

经民政部门批准，2014 年 1 月 8 日，中国电子工业标准化技术协会信息技术服务分会(ITSS 分会)成立，该分会是由全国信息技术服务业行业主管部门、企事业单位、高等院校、社团组织、行业用户等相关单位和个人自愿组成的信息技术服务行业社团组织。ITSS 分会力求将 ITSS 标准服务于技术、产业发展，服务于市场需求，最终实现我国信息技术服务的标准化和国际化[15]。

ITSS 充分借鉴了质量管理原理和过程改进方法的精髓，规定了 IT 服务的组成要素和生命周期，并对其进行标准化，如图 2-7 所示。

图 2-7　ITSS 原理图

IT 服务组成要素，由人员(People)、流程(Process)、技术(Technology)和资源(Resource)组成，简称 PPTR。其中：

人员，指提供 IT 服务所需的人员及其知识、经验和技能要求；

流程，指提供 IT 服务时，合理利用必要的资源，将输入转化为输出的一组相互关联和结构化的活动；

技术，指交付满足质量要求的 IT 服务应使用的技术或应具备的技术能力；

资源，指提供 IT 服务所依存和产生的有形及无形资产。

IT 服务生命周期，由规划设计(Planning & Design)、部署实施(Implementing)、服务运营(Operation)、持续改进(Improvement)和监督管理(Supervision)五个阶段组成，简称 PIOIS。其中：

规划设计，从客户业务战略出发，以需求为中心，参照 ITSS 对 IT 服务进行全面系统的战略规划和设计，为 IT 服务的部署实施做好准备，以确保提供满足客户需求的 IT 服务；

部署实施，在规划设计基础上，依据 ITSS 建立管理体系、部署专用工具及服务解决方案；

服务运营，根据服务部署情况，依据 ITSS，采用过程方法，全面管理基础设施、服务流程、人员和业务连续性，实现业务运营与 IT 服务运营融合；

持续改进，根据服务运营的实际情况，定期评审 IT 服务满足业务运营的情况以及 IT 服务本身存在的缺陷，提出改进策略和方案，并对 IT 服务进行重新规划设计和部署实施，以提高 IT 服务质量；

监督管理，本阶段主要依据 ITSS 对 IT 服务服务质量进行评价，并对服务供方的服务过程、交付结果实施监督和绩效评估。

2.4 IT 服务管理量化

2.4.1 人员量化

传统的运维模式无法对 IT 运维人员的胜任力进行测评，原因在于无法实现真正主动。实施 IT 服务管理的主要目标之一，就是提升 IT 运维人员的工作效率，而故障率的降低是量化运维人员效率的有力支撑。以网络管理员传统的预防故障方式为例，管理人员可能会发现成百上千条日志信息，任意两个告警事件就可能会纳入 IT 服务管理中的问题管理流程，那么哪些事件可能会引发故障呢？我们还是不得而知，所以成百上千的问题等于没有问题，最终还是得不到解决，这就等于没有效率，所以也就没办法评估。

IT 运维系统的开发定位于将主动运维落到实处。事件管理模块强调建立 IT 故障的精确告警机制，模块通过逻辑表达式向上派生实现对 IT 运维复杂状况的判断，有效减少故障误报和小概率告警。进入问题管理流程中的告警信息，分析被列为问题事件的根本原因，自动提示用户可参照执行的永久性的解决方案，把升级事件(未知原因)的影响最小化。针对小概率告警，可以找出已发生事件或潜在故障的根本原因，以此来减少告警信息再次发生的可能性。这其中有系统自动产生的活动，包括分析事件、找出问题、分派问题、确定根本原因、提示解决方案以消除事件。这一智能化的流程就可以大大减轻在告警发生时对客户或业务的影响。

与传统的胜任力测评方法相同，对 IT 运维人员胜任力的测评，包括知识、技能、职业素养和行为四个方面。同时，结合 IT 运维工作的特点，选取符合 IT 运维工作要求的评价指标。因此，实施 IT 服务管理是满足 IT 运维人员能力素质的评估需求，以使 IT 运维人员能力素质培养的方向更加明确。

对于 IT 人员工作内容和过程的评估，可从 IT 人员工作岗位的职责、每项工作的执行动作(如负责、审批、支持、告知)和发生频率(如天、周、月、季、年等)三个方面进行，可采用类似于 SLA 的运行考核模块。与国外产品复杂的 SLA 评估体系不同，对 IT 人员工作量的评估是以事件为依据，通过业务系统稳定运营时间、故障率、业务中断比例等指标客户考核 IT 支持人员处理故障的水平，实现对 IT 部门业绩直观、简便的管理和评估。

2.4.2 流程量化

IT 服务管理是一种以流程为导向，以客户为中心的方法。但很多企业在实施前的准备不足却使得流程更加拖沓，因此量化管理流程前，应以最大限度地消除由于 IT 服务管理失配所导致的运营风险为前提。

举例而言，如果网络用户出现更换鼠标、键盘等需求，企业可以自定义流程和服务等级。但是在一些“舶来品”的 IT 服务管理中，首先，业务部门的这个用户要通过 IT 服务管理系统向 IT 管理部门报出“自己的鼠标坏了”的问题，走一套“问题管理”的流程，随后IT管理部门要通过“问题管理流程”核实问题，并实施“变更管理流程”，为该用户更换设备，接着通过“配置管理流程”对这个变更产生的配置变化进行修改，最后通过“IT服务满意度流程”将这个问题解决。这样的流程将会导致等待换鼠标的用户无法忍受！

而基于强大的应用程序管理器，用户可以根据实际需要定义和配置任何业务和流程，包括流程层级、流程规则、角色权限级别等，用户可随需扩展应用，能做到动态配置，也可以实现快速定制。也即允许用户自动配置IT业务流程、业务和应用，将更换鼠标和键盘等事件缩减至较少的流程管理中，避免“小马拉大车”“杀鸡用牛刀”的流程管理模式出现。

参考IT服务管理最佳实践，流程成熟度共分为五个级别：初始级（Initial）、可重复级（Repeatable）、定义级（Defined）、管理级（Managed）和优化级（Optimized）。每一个级别对应一个分值范围，反映组织IT服务运营的流程成熟度状况。

2.4.3 工具量化

在执行IT服务管理时，面临的最大挑战就是流程必须根据每个企业客户的实际需求进行调整。因此，在实施IT服务管理前，通过主动了解和问卷测评等方式，帮助组织分别从事件管理、问题管理、信息安全管理、基本应用、报告等多个方面明确对IT服务管理软件工具的需求。针对每个需求，评估商业价值，划分四个等级：强制的、非常值得要的、值得的、可选的。最后，在统计分析综合建议的基础上，将定制后的IT服务管理工具交付用户使用。

在指导方法上，基于适度性、利益相关性、高质量低成本等多方面因素确定IT服务管理软件工具选型的基本原则，从商务性与技术性方面充分考虑工具选型所要遵照的选型条件。在实际工作中，基于初审、招投标、上线测试三个阶段实施工具选型过程，最终为组织提供IT服务管理工具选型方案，帮助组织规划、建立IT服务管理工具选型的过程体系，从而实现工具的正确选择。

以CMDB为例，大部分的CMDB软件可以自动发现基于服务器的软件应用，并构建映射关系图，但是对于一些主机应用或企业自行开发的应用却检测不到。核心配置管理数据库通过搭积木的方式构建CMDB数据库，可使用户充分根据自己的需求来进行系统的配置，另外，可以在不需经过技术人员重新编程的基础上，把调整权交给用户。具体而言，使用可灵活定制的表结构，用户可自行定义，添加新的配置项，具备充分的可扩展性。

2.4.4 IT服务管理目标

从结果成效方面量化IT服务管理，可以通过IT最终用户满意度（End User Satisfaction，EUS）和IT组织平衡记分卡（Balanced Scorecard Card，BSC）成熟度的测评。

（1）IT最终用户满意度调查

纵观国内外服务质量评价方法可知，IT服务质量 = 最终用户满意度（EUS）= 用户感知到的质量 - 用户期望得到的质量。

整个EUS测评体系，由EUS指标体系、EUS测评方法、EUS计算方法和EUS评价模型四大模块组成。其中，EUS指标体系的构建是整个量化过程的关键。在选择测评指标时，遵循三大原则：代表性原则，以最终用户为中心；系统最优原则，从整体功能出发；可控性原则，充分考虑现有资源。在具体量化每个指标时，通过调查最终用户对所使用的IT产品或接受的IT服务的满意度和重要性两方面的评价，量化用户对该IT产品或服务的感知和期望，然后依照EUS计算公式测算每项IT产品或服务指标的得分，最后推导出该IT产品或服务的优势和劣势。

EUS测评以改进企业或部门IT产品或服务质量为出发点，可以用于帮助企业解决三大问题：评估IT最终用户的满意度现状，用以衡量IT服务管理水平；识别IT产品或服务的改进优先级，用以指导IT服务管理决策；建立EUS持续改进体系，用以持续改进IT服务管理活动。

(2)IT 组织平衡记分卡(BSC)成熟度

BSC 成熟度评估模型，将 IT 组织的结果因素(Results)和动力因素(Enabling Factors)相结合，通过相关人员现场或电话访谈、问卷调查和相关资料收集，评估现状并寻找根源和改进建议。

其中，结果因素从组织目标出发，基于 BSC 的四个方面，包括员工满意度(Employee Satisfaction)、客户满意度(Customer Satisfaction)、成本/生产力(Cost/Productivity)和组织成熟度(Organization Maturity)。动力因素从组织内部管理出发，划分为五个方面，包括领导力(Leadership)、战略和政策(Strategy & Policy)、人员管理(People Management)、资源(Resources)、流程和规章(Process & Procedure)。这九个方面都采用可量化的指标进行衡量，用亮灯的方式(绿灯，良好；黄灯，警告；红灯，灾难；灰灯，没有信号)显示每个指标的状态以及整个组织的成熟度。

2.5 IT 服务管理的实施保障

具体来讲，IT 服务管理需要以下四个方面的实施保障：

(1)保证持续投入

要实现 IT 服务管理就需要持续的投入，而国内大部分企业并不具备这样的资金实力和技术能力去保证这种持续性。具体来说，IT 服务管理所包含的内容，例如变更管理、配置管理等，会随着企业的信息化不断发展而发生变化。而这些管理的内容也需要随着企业信息化的发展作出改变，这个时候就需要对原先实施的 IT 服务管理进行相应调整，这就需要有不断的资金投入作保证。

(2)完善基础架构管理

IT 基础设施管理始终是 IT 服务管理的前提和保障，可以说，没有 IT 基础设施管理作保障，就难以从真正意义上实现 IT 服务管理的理念。但目前国内的实际情况是，IT 基础架构建设刚刚完毕，还没有实现对底层基础的有效管理，这个时候来实施 IT 服务管理显然是有点急功近利，往往会导致实施的失败。

在 IT 运维管理工作还没到位的情况下，就部署 IT 服务管理，将会导致流程化的管理难以落实并发挥作用，更谈不上推广。

(3)循序渐进

要实现真正意义上的 IT 服务管理，从其在国外的发展历程可知，必定要经历从最基础的 IT 基础设施管理发展，到应用系统的管理，再到业务流程的管理，最后是 IT 变更管理，这是逐步提高的几个管理阶段。国外 IT 系统比较成熟的行业，比如电信和金融这样的行业，由于他们的 IT 系统涉及的业务和人员较多且复杂，需要一套流程化的管理实现对其业务系统的梳理，因此，他们的 IT 服务管理需求较为成熟。而当前大部分国内企业的 IT 系统的建设和应用水平仍然处于第一和第二阶段，只有极少部分企业的 IT 系统成熟度上升到了第三个阶段，即需要对业务服务进行管理。在行业和用户需求的问题上，由于客户所处行业原因和客观原因，限定了他们现阶段只需要进行 IT 基础设施管理，而管理需求还未上升到对业务流程管理的层次。举例来说，对于中小企业用户，他们的 IT 系统和业务系统(生产系统)并无直接关系，他们选择管理系统最重要的是看重稳定性、实用性和安全性，他们对通过 IT 管理梳理业务流程的需求并不是最迫切的。但对于金融、电信等 IT 系统相对成熟、信息化发展速度相对较快的大型行业用户来说，其 IT 系统就是实实在在的生产系统，用户自然而然会要求其 IT 系统对业务的服务度要尽可能地高，因此通过 IT 系统对业务进行梳理和掌控的需求也就非常强烈。

因此，首先需要解决好第一和第二阶段的管理问题，才能考虑下一阶段的管理目标。如果 IT 服务管理的底层 IT 基础设施管理没有做到位，那么基于这个基础的上层流程管理也必定会出现问题，即使实施了完整的 IT 服务管理的流程化管理，也是毫无意义的。

(4)结合企业的实际情况

IT 服务管理是一种 IT 管理的方法论，它必须与企业的实际情况结合才可能发挥作用。举个简单的例子，都说流程管理是最高效的，殊不知如果系统所产生的告警是误报，那么基于此所产生的流程只能给用户添麻烦。再比如，知识库对用户来说很关键，但是，知识库统计的元素颗粒度、时间长度都给用户的查询带来很大的影响，从而影响整个知识库的使用，而这些与用户的 IT 实际使用情况都是密切相关的。所以，在落实 IT 服务管理管理系统时，用户必须结合自身情况，采用循序渐进的方式来进行建设，必须根据自身的要求进行相应的开发和整合，才能确保整个系统的可用性和高效性。

在建立以 IT 服务管理为指导思想的管理体系时，需要首先确定一些基本问题，如故障的等级划分、知识库需要记录的范围、人员切实的岗位流程安排等，在对这些具体的情况进行梳理后，用户才有可能依据一些平台，经过一定的配置和定制，逐步地建立起自己的服务管理平台，充分利用 IT 服务管理来为业务服务。

3 ITIL简介

本章首先对 ITIL 的发展情况进行介绍，并分别对 ITIL V1、V2、V3、V3(update)的核心架构进行简要描述。其次对 ITIL 的实施特点、难点进行分析概括，并与其他 IT 管理模型进行对比分析。最后以 ITIL V2 为基础，对 ITIL 的核心架构模型进行详尽描述。

3.1 ITIL 的发展历程

信息技术基础设施库(Information Technology Infrastructure Library，ITIL)，由英国政府部门 CCTA (Central Computing and Telecommunications Agency)在 20 世纪 80 年代末制定，现由英国商务部(The Office of Government Commerce，OGC)负责管理，主要适用于 IT 服务管理。

ITIL 的基本设计思想是基于流程的信息技术基础构架库，为企业的 IT 服务管理实践提供了一个客观、严谨、可量化的标准和规范。企业的 IT 部门和最终用户可以根据自己的能力和需求定义自己所要求的不同 IT 服务水平，参考 ITIL 来规划和制订其 IT 基础架构及服务管理，从而确保 IT 服务管理能为企业的业务运作提供更好的支持。对企业来说，实施 ITIL 的最大意义在于把 IT 与业务紧密地结合起来了，从而让 IT 投资回报最大化。

自从 1986 年 ITIL V1 版发布以来，ITIL 经历了 V1、V2、V3 三个版本以及 2011 年的局部改进的发展演变历程。

3.1.1 ITIL V1 简介

ITIL V1 是由 31 卷图书构成的庞大的方法论知识体系，这些内容被划分为 9 个流程组，构成了 ITIL V1 的核心内容，如表 3-1 所示。

ITIL V1 的核心内容　　表 3-1

流程组	包 含 的 流 程
服务支持	配置管理、管理台、故障管理、问题管理、变更管理、发布管理
服务提供	可用性管理、能力管理、IT 服务连续性管理、IT 服务财务管理、服务级别管理
安全管理	安全管理
管理者	客户联络、IT 服务组织机构、管理工具管理、供应商关系管理、IT 服务的计划与控制、IT 服务质量管理
软件支持	软件生命周期支持、IT 服务测试
计算机操作	计算机安装和接受、计算机操作管理、第三方维护和单方维护、无人操作
网络	网络服务管理、本地处理器和终端的管理
环境	环境战略、办公环境、环境管理
业务管理	业务管理、业务指南

注：摘自文献[14]。

3.1.2 ITIL V2 简介

ITIL V1 版本最大的不足之处在于内容过于庞杂，并且各卷图书以及各流程间存在重复和不一致的地方。为了使 ITIL 得到更好的推广，也为了消除各卷书之间的重复和冲突，英国商务部将原有的 31 卷图书进行了整合。从 2000 年开始，英国商务部又组织有关力量对这两本指南进行全面修订，同时对 ITIL 进行了较大的扩充和完善，最终逐渐形成了 ITIL V2 的完整知识体系，并成为 IT 服务管理领域全球广泛认可的最佳实践框架。ITIL V2 的核心框架如图 3-1 所示。

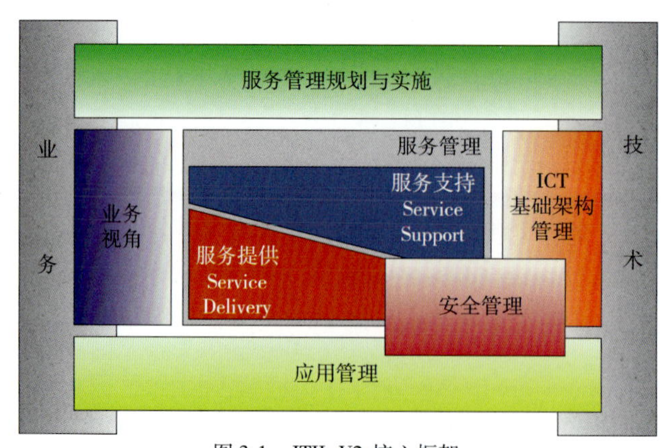

图 3-1　ITIL V2 核心框架

（来源：OGC）

(1)业务视角

ITIL 所强调的核心思想是从客户(业务)而不是 IT 服务提供方(技术)的角度理解 IT 服务需求，因此，ITIL 要求服务提供商在提供 IT 服务的时候应首先考虑业务需求，根据业务需求来确定 IT 需求。同时，业务管理模块也指导业务管理者从业务的角度分析 IT 问题，深入了解 IT 基础架构支持业务流程的能力以及 IT 服务管理在提供端到端 IT 服务过程中的作用，以协助他们更好地处理与服务提供方之间的关系，实现商业利益。

(2)服务管理

服务管理模块是 ITIL 的核心模块。与一般的按照功能组织 IT 管理活动的 IT 管理方法不同，ITIL 是按照流程组织的。它把 IT 管理活动归纳为十个核心流程和一些辅助流程，然后利用这些流程进行有关的 IT 管理工作。

服务管理的每个核心流程，分为服务提供和服务支持两组。其中，服务提供由服务级别管理、IT 服务财务管理、IT 服务持续性管理、可用性管理和能力管理五个服务管理流程组成；服务支持由事件管理、问题管理、配置管理、变更管理和发布管理五个流程及服务台职能组成。

(3)IT 基础架构(及设施)管理

IT 服务管理作为一种 IT 管理方法，其管理的对象是各种 IT 基础设施。这些 IT 基础设施的有机整合，构成了 IT 基础架构。IT 基础架构管理侧重于从技术角度对基础设施进行管理。它覆盖了 IT 基础设施管理的所有方面，包括识别业务需求、实施和部署、对基础设施进行支持和维护等活动。

IT 基础架构管理的目标是确保 IT 基础架构稳定可靠，能够满足业务需求和支撑业务运作。

(4)应用管理

IT 服务管理包括对应用系统的支持、维护和运作。应用系统一般是由客户或 IT 服务提供者或第三方开发的。为了确保应用系统满足客户需求并方便对其进行支持和维护，IT 服务管理的职能应该合理地延伸，介入应用系统的开发、测试和部署。应用管理模块指导 IT 服务提供方协调应用系统的开发和维护，以使他们一致地为客户的业务运作提供支持和服务。

(5)安全管理

安全管理模块是在 1999 年新增到 ITIL 中的，其目标是保护 IT 基础架构，使其避免未经授权的使用。安全管理模块为如何确定安全需求、制订安全政策和策略及处理安全事件提供了全面指导。ITIL 的安全管理模块侧重的是从政策、策略和方法的角度指导如何进行安全管理，它并没有具体说明安全管理的步骤和任务。与 BS 7799/ISO 27000 相比，更加抽象，更加侧重于安全管理原则的指导。

(6)IT 服务管理规划与实施

上述各 ITIL 模块告诉我们的是要“做什么”(What)，并没有告诉我们该“如何做”(How)。IT 服务管理规划与实施模块的作用是指导如何实施上述模块中的各个流程，包括对这些流程的整合。它帮助客户确立远景目标，分析和评价现状，圈定合理的目标并进行差距分析，确定任务的优先级以及对流程的实施情况进行评审。

3.1.3 ITIL V3 简介

1）核心模块

ITIL V2 倡导的流程管理最佳实践消除了原来管理模式下的职能“竖井（Silo）”，促进了部门之间的流程化运作。但随着 ITIL V2 的深入运用，人们逐渐发现，基于 ITIL V2 的流程实践产生了新的流程“竖井”，即各流程之间缺乏一套有效的核心逻辑来进行有效的整合。并且，ITIL V2 对于商业化的以客户需求为起点的服务场景缺乏更加全面的指导。因此，ITIL V3 在 ITIL V2 的基础上，参照 ISO 20000 的管理体系，进一步明确和增加了部分流程。ITIL V3 最大的改变是引入了服务的生命周期概念，并将所有的流程围绕着服务的生命周期进行了模块划分，包括服务战略（Service Strategy）、服务设计（Service Design）、服务转换（Service Transition）、服务运营（Service Operation）和持续服务改进（Continuous Service Improvement），即 IT 服务的五大生命周期阶段，大大增强了各模块之间的逻辑关系。ITIL V3 的核心模块关系如图 3-2 所示。

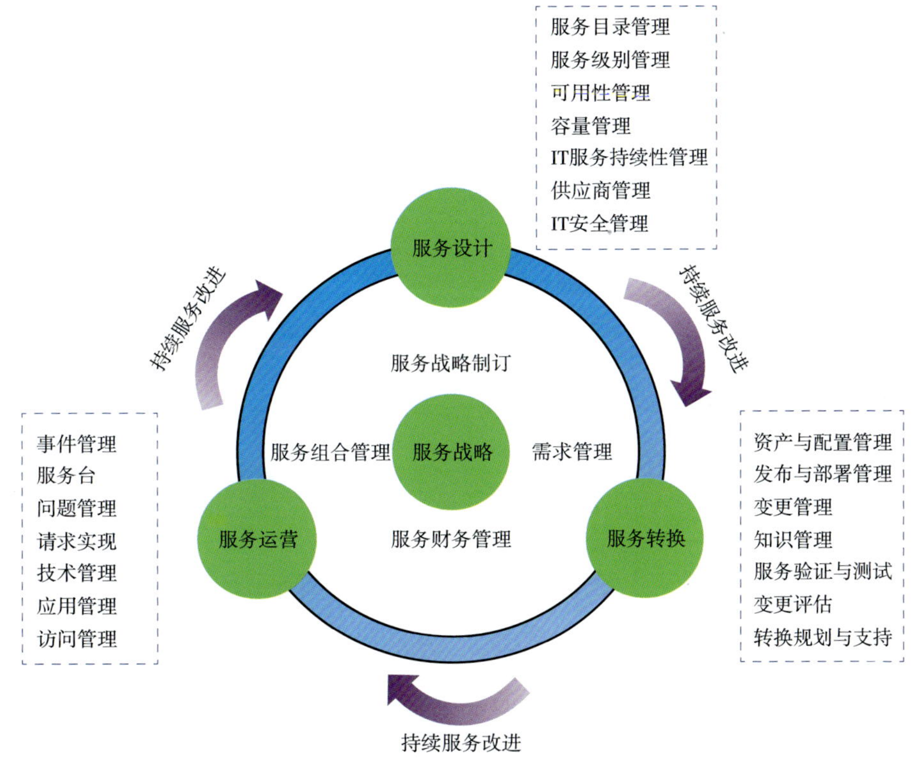

图 3-2　ITIL V3 核心模块关系

（1）服务战略

该模块为制订 IT 服务管理的政策和指南提供指导，保证 IT 服务战略与业务相一致。主要包括服务战略制订、服务投资组合管理、服务财务管理和需求管理等流程。服务战略是服务设计、服务转换、服务运营和服务改进的基础，它包括了市场开发、内部和外部的服务提供、服务资产、服务目录以及整个服务生命周期过程中战略的实施。服务战略的目标是指导服务提供商培养以战略方式思考和执行的能力，以获得长期的成功运营和发展，这种指导主要体现在以下两个方面：

①如何将服务管理转化为战略资产。

②如何理清所管理的各种服务、系统和流程与所支持的业务模型、战略和目标之间的关系。

(2)服务设计

该模块为制订IT服务管理制度和流程等方面提供指导，帮助用户设计出合适的IT服务解决方案及流程。主要包括服务目录管理、服务级别管理、可用性管理、持续性管理和安全管理等流程。服务设计，即对服务及服务管理流程的设计和开发，包括将战略目标转变成服务投资组合和服务资产的原则和方法。服务设计的范围不仅限于新的服务，它还包括为了保持和增加客户价值，而实行服务生命周期过程中必要的变更和改进。

服务设计的目标在于：设计新的或变更的服务以导入生产环境；确保设计的各方面都得到全盘考虑，确保整个IT在所有活动和流程中的一致性和一体化，从而实现端到端的业务功能与质量。当变更或补充设计任一独立元素时，都要综合考虑相关职能、管理和运营层面。

(3)服务转换

该模块为新增的或修改的IT服务转换到实际应用中提供指导。主要包括资产与配置管理、发布与部署管理、变更管理、知识管理和服务验证与测试等流程。服务战略需求通过服务设计进行编码，而服务转换则是探讨如何将这种编码有效地导入服务运营的体系中。服务转换的目标如下：

①帮助客户预期全新或变更的服务如何能够被用来支持业务变更；驱动变更项目，将发布集成到业务流程和服务中。

②减少转化的服务在预期性能与实际性能之间的差异；减少已知错误，并最大程度地降低由于将新的或变更的服务转换至生产环境中所带来的风险。

③确保可根据在服务需求中规定的要求和限制条件使用服务。

(4)服务运营

该模块为如何达到IT服务支持和交付的效果和效率，保持服务运营稳定性提供指导。主要包括事件管理、服务台、问题管理、技术管理、应用管理和访问管理等流程。服务运营包括两方面内容：一方面，应达到服务支持和交付应有的效果和效率，以确保客户与服务供应商实现其服务价值；另一方面，在业务规模和服务水平发生变化的情况下，保持服务运营稳定性。

服务运营的主要目标，是通过一系列日常活动和流程的协调执行，为客户和用户提供可管理的达到既定的服务级别协议的服务。同时，服务运营还负责对提供和支持服务所需要的技术进行日常管理。

(5)持续服务改进

根据业务需求持续改进和提高IT服务生命周期中的每个阶段，使得IT服务能不断与业务需求的变化相适应。持续服务改进，是指为创造和保持客户价值，实现更优化的服务设计、转换和运营。持续服务改进结合质量管理、变更管理和能力改进方面的原则、实践和方法，在服务质量、运营效率和业务连续性方面不断提高和改进。

持续服务改进最主要的目的是改进支持业务流程的IT服务，使得IT服务能够不断与业务需求的变化相适应。

2)ITIL V2和ITIL V3的主要差别

严格而言，ITIL V3是ITIL V2的加强版，补足与解释了ITIL V2的不足之处，而不是对ITIL V2的颠覆。ITIL V2的所有流程(Processes)和职能(Function)在ITIL V3中同样存在，也没有太大的变化。

首先，ITIL V3增加了一些新的概念，最重要的是引入了生命周期的概念。IT服务从开始到结束的整个过程，就是服务管理的生命周期。当开展一项服务时，组织中不同的管理层和成员都需要参与到该服务的生命周期中，包括决策、计划、设计、开发、测试、发布、运行等活动。ITIL V3引入的生命周期模型，改变了模块之间相互割裂、独立实施的局面，从战略、战术和运作三个层面对业务和IT快速变化提出了服务管理实践方法。它通过连贯的逻辑体系，以服务战略作为总纲，通过服务设计、服务转换和服务运营加以实施，并借助持续服务改进不断完善整个过程，将IT服务管理的实施过程有机地整合为一个良性循环的整体，ITIL V3 有机地整合了 ITIL V2 中的各个流程。如图 3-3 所示为 ITIL V3 与 ITIL V2 之间的流程和职能模块对比。

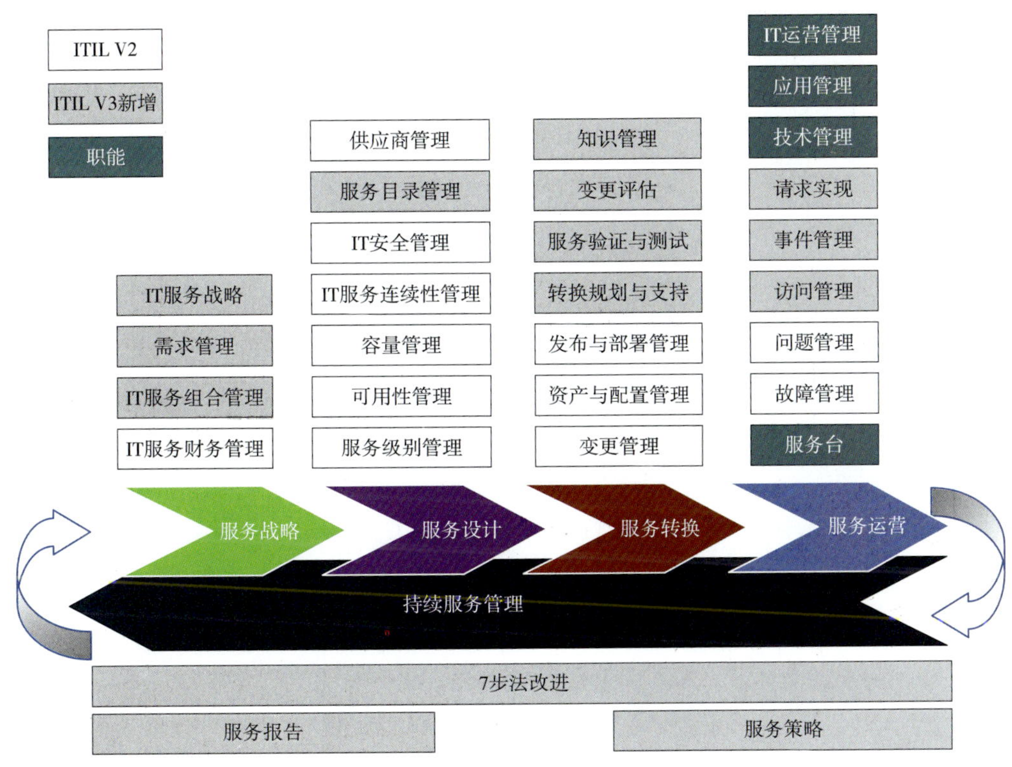

图 3-3　ITIL V3 与 ITIL V2 流程关系

其次，ITIL V3 在引入服务生命周期模型的同时，还提供了丰富的资源，使 ITIL 不仅提到了"做什么"，还明确说明"如何去做"，并且加强了与 COBIT、CMMI、6 Sigma 等框架的结合，让企业根据自己的业务需求，设计适合自己的 ITIL 应用。

综上所述，ITIL V2 与 ITIL V3 之间的区别主要体现在以下几个方面：

①ITIL V2 关注的是流程的一体化，而 ITIL V3 关注的是服务生命周期，流程只是服务的附属物。

②ITIL V2 关注的是业务与 IT 的结合(Alignment)，而 ITIL V3 是强调业务与 IT 的整合(Integration)。

③ITIL V2 关注价值链(Value Chain)的管理，ITIL V3 强调价值网络(Value Network)的集成。

④ITIL V2 关注的是线性的服务目录，而 ITIL V3 强调动态的服务组合。

⑤ITIL V2 关注的是流程一体化的集成，而 ITIL V3 则强调全面服务管理的生命周期。

3.1.4　ITIL V3 2011update 简介

2011 年，为了纠正原版本中存在的错误，消除原来 ITIL 指南中的不一致性，提高清晰度和结构，发布了针对 ITIL V3 的改进版本。更新的指南反映了创作团队对于接收到的信息的反馈，其中包括来自变更顾问委员会的建议和培训机构的反馈。

整体而言，新版本改善了文档的流畅性和可读性，重组了部分内容，包括贯穿整个服务生命周期的生命周期接口、输入和输出，并确保了整套书的对齐方式。此外，术语已得到了清楚的阐述，并与整套出版物和 ITIL 词汇表保持一致。表 3-2 简要列举了新版本中各主要部分的更新内容。

ITIL V3 2011update 的主要更新内容　　表 3-2

更新模块	更新内容
ITIL 服务战略	(1)整体信息没有更改，更为清晰地阐释了其中的一些概念； (2)更新的出版物包括更多的实践指南和相关例子； (3)新定义的 IT 服务战略管理流程的职责是开发和维护业务及 IT 战略，目前将业务战略和 IT 战略分开； (4)财务管理得到了扩展，并将业务管理和需求管理归为流程
ITIL 服务设计	(1)更新了整个 ITIL 服务设计出版物，特别注重和 ITIL 服务战略保持一致； (2)许多概念和原则更加明确，增强了连贯性和在整个设计阶段所需管理的活动； (3)对服务设计、服务组合的设计及服务目录相关术语做了进一步明确的阐述
ITIL 服务转换	(1)对配置管理系统、服务知识管理系统相关的关键概念做了更加明晰的阐述； (2)解释了应该如何使用变更建议； (3)评估流程被重新命名为"变更评估"，并且明确了该流程在何时使用和如何使用； (4)服务资产和配置管理流程增加了资产管理，对于流程，包括变更管理、发布和部署管理以及变更评估，提高了这些流程的连贯性，并整合了流程的数量
ITIL 服务运营	(1)对各流程都做了更新和充实，包括请求履行、访问管理和事件管理的流程； (2)关键准则：包括服务请求和请求模型、主动地问题管理，已得到了明确的阐述

3.2　ITIL 的实施

3.2.1　实施概况

2001 年，BSI 在国际 IT 服务管理论坛(IT SMF)年会上正式发布了以 ITIL 为基础的 IT 服务管理英国国家标准 BS 15000；2005 年，经过 ISO 组织的审核和修订，以 BS 15000 为基础的国际标准 ISO/IEC 20000 发布。至此，ITIL 已上升为国际标准。

尽管 ITIL 最初是为英国政府部门开发的，但它很快在英国企业中得到广泛的应用。在 20 世纪 90 年代初期，ITIL 被介绍到欧洲的许多其他国家并在这些国家得到广泛应用。荷兰政府将该标准应用于本国所有政府部门，并取得巨大效益；之后，英国政府和澳大利亚国防部也相继宣布采纳该标准。到 20 世纪 90 年代中期，ITIL 已经成为欧洲 IT 管理领域事实上的标准。20 世纪 90 年代后期，ITIL 又被引入美国、南非和澳大利亚等国。20 世纪 90 年代末，ITIL 也被有关公司引入中国。

虽然如此，ITIL 作为一种最佳实践知识体系，仍然保持自身独立地发展和演进。

一方面，ITIL 在全球获得了几乎所有 IT 行业巨头企业的全面支持。例如，微软、IBM、惠普等著名的大型跨国公司不仅积极倡导 ITIL，并分别基于 ITIL 研发出了实施 IT 服务管理的具有针对性的软件系统和解决方案。如 IBM 的 Tivoli 平台软件推出了"业务影响管理"解决方案、惠普公司倡导"IT 服务管理"、CA Technologies 公司强调"管理按需计算环境"、BMC 软件公司则推出了"业务服务管理"理念。实际上，无论各公司的理念和解决方案有多大差异，但目标都是一致的：把 IT 与业务相结合，以业务为核心搭建和管理 IT 系统。

另一方面，ITIL 已得到广泛实施，全球有万余家处于行业领先地位的著名企业先后推出了大量 ITIL 的成功实施案例，大大提高了企业的 IT 服务质量，促进了企业业务与 IT 的融合。自 1997 年，宝洁公司采用 ITIL 模式，4 年内节约预算资金达五亿美元，降低运营成本约 8%，减少技术人员约 20%。来自加特纳和国际数据集团(IDC)等世界权威研究机构的调查研究数据充分表明，企业通过实施 ITIL

这一最佳服务管理实践，可使因重复呼叫、不当变更问题等引起的时间延误降低79%，平均每年可以为每个终端用户节约成本800美元，同时使每项新服务推出的时间缩短一半。另有大量成功案例表明，实施IT服务管理可将企业IT部门的运营效率提高25%～30%。

3.2.2 实施特点

ITIL之IT服务管理解决方案，最重要的就是整合人员(People)、流程(Processes)及技术(Technology)三要素，在实施过程中有以下特点：

①配合提供自助功能的单一服务窗口，作为IT部门与使用者的沟通平台，迅速反应及解决使用者的问题，提升顾客满意度。此亦可帮助第二线技术支持人员专注于根本问题的解决，大幅提升整体的IT投资报酬率(Return On Investment，ROI)，让IT资源发挥最大效能。

②配合IT基础建设管理(IT Infrastructure Management)及各种监控工具的设定，让企业的IT基础架构中的各种硬件、软件设备状况与实际业务面联结，使得IT与业务管理阶层能随时掌握IT作业的状况及对业务面的影响。

③当企业信息中的人员、流程及技术结合后，许多突发事件可以自动被排除，减少因各种事件因素对企业业务的影响。

④建立良好的问题管理流程与制度，使得IT与企业所发生的问题可以持续追踪，得到根本解决。

⑤IT许多问题是因为没有做好变更管理所引发的，实施ITIL可以让变更程序更严谨，以预防因变更作业造成的影响。

⑥建立完整的资产管理制度，可让IT对于硬件、软件的投资发挥更大的效益，以避免不必要的投资浪费。

3.2.3 实施难点

虽然ITIL能提高企业的运营效率并为用户提供更好的服务，在实施ITIL的过程中仍然可能会遇到许多困难，下面对可能遇到的困难进行详细的分析。

(1)对企业效率进行量化

企业的管理者普遍希望通过引入ITIL提高企业的管理效率和经营效益。为向企业管理者展示实施效果，企业的IT部门应该将使用ITIL之前和使用ITIL之后的企业流程效率进行对比，并得出量化结果。

(2)合理选择流程

ITIL的核心流程包括十个主要的模块，很多IT管理者感觉ITIL难以很快掌握，并且担心将ITIL流程与企业实际相结合时会与企业的内部组织结构发生矛盾。实施ITIL要从企业的实际需求出发，将企业中各业务部门以及人员和流程进行有效融合，为业务流程制定明确合理的目标，并为每个业务流程选定其最适合的应用方向。

(3)控制管理层的预期

为了使ITIL企业内部得以顺利地执行，需要企业管理者给予IT技术人员更多的权限，并且还应该在ITIL的实施过程中降低管理层的预期目标。因此，很多IT经理会有所顾虑，担心企业的ITIL达不到企业管理者的预期目标。特别值得一提的是，企业的信息化建设中的所有问题不能都依赖于ITIL解决，因此应该控制管理层对ITIL在企业中应用效果的预期。

(4)企业组织之间存在较大的差异

由于各企业和组织在管理模式和经营策略等方面存在较大的差异，ITIL在流程的有效执行、高效率以及标准化管理等方面还没有现成的技术和方法可供借鉴。这就为企业的信息化建设带来了困难，要求各个企业要从自身的实际情况入手，设计针对本企业特点的IT营运管理系统和系统设计流程。

3.2.4 与其他 IT 管理模型的对比

IT 服务管理体系通常是由一些商业机构开发的。典型的例子包括惠普公司的 IT 服务管理参考模型(HP IT 服务管理 Reference Model)、IBM 公司的 IT 流程模型(IT Process Model)以及微软公司的微软运营框架(MOF)等。对 ITIL 的采纳和改编直接反映了 ITIL 的可实施性和先进性，如表 3-3 所示为 ITIL 与现有 IT 管理模型的对比，从中可以看出 ITIL 成为描述 IT 服务管理中基本流程的事实标准的原因。

ITIL 与现有 IT 管理模型的对比　　表 3-3

名　称	主要特点	主要适用对象	基本框架
ITIL	总结最佳实践的基本框架	具有普遍参考意义	服务实施 服务支持
微软公司 MOF	按 IT 生命周期理论和微软服务框架设计	使用微软软件产品的用户	流程模型 团队模型 风险模型
惠普公司 IT 服务管理参考模型	强调流程高度整合，强调 IT 与业务融合	使用惠普系列设备的用户	业务与 IT 融合 服务设计与管理 服务发展与推广 具体操作指南 服务实施保证

以 MOF 为例，MOF 是 Microsoft Operations Framework 的简称，是在 ITIL 的基础上，增强了 Microsoft 平台的针对性，增加了多个服务管理职能，具体提供了有关部署各种 Microsoft 产品(如 Microsoft Windows Server、Microsoft Application Server、Microsoft System Center 等)的操作指南和最佳实践。MOF 提供了有关如何规划、部署和维护 IT 操作过程以支持关键任务性服务解决方案的指南，并提出了一套完整的模型，包括过程模型、团队模型、风险模型等。

其中 MOF 提出的过程模型所讨论的 IT 服务周期包含三个阶段和一个基础层，如图 3-4 所示。这与

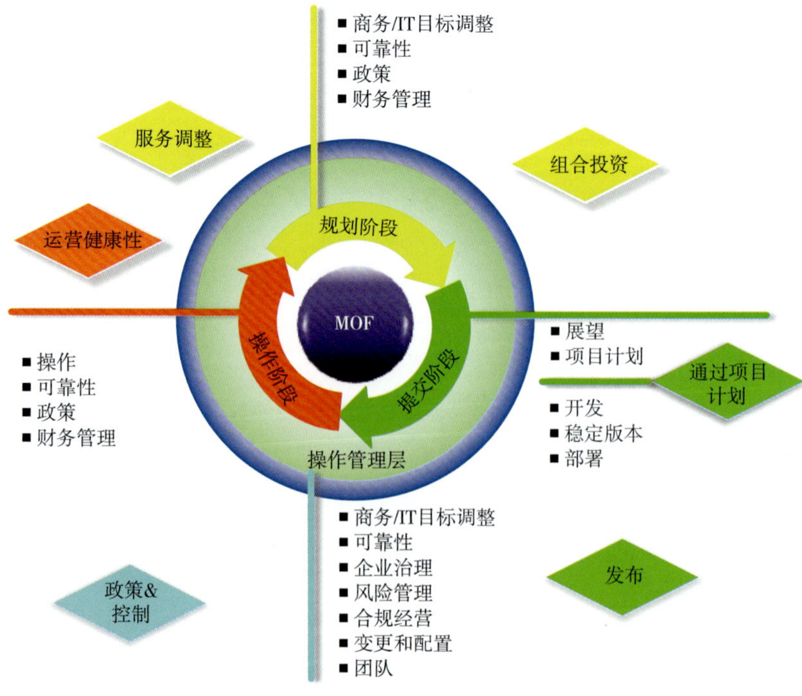

图 3-4　MOF 过程模型

ITIL V3 类似，具体是：在规划阶段，遵循业务战略，规划及优化 IT 服务；在提交阶段，设计及部署 IT 服务；在操作阶段，持续提供服务运维及支持；而对于管理基础层，则进行运维管理、规章、制度的制定及推行，其目标是建立一个整合的 IT 服务管理的软环境，以协调规划、提交及操作三大阶段中的相应服务管理职能（Service Manage Function，SMF）高效运作，并确保 IT 投入在可控的风险范围内实现期望的商业价值。

3.3 核心流程

3.3.1 ITIL V2 核心框架

ITIL 的方法和规则是以流程为基础的，而流程主要通过对最佳实践进行总结而归纳出来的。企业内部的 IT 部门或服务商依据这些流程，选择可选组件来向客户提供服务，确保能够以一种量化和规范的方式提供 IT 服务。因而 ITIL 的核心概念在于每个流程的具体内容、运作关系和多个流程之间的相互关系。

相比于 ITIL V2，ITIL V3 增加了部分新概念，尤其是引入了“生命周期”这个概念，借助于“生命周期”的贯穿将 V2 中的各个流程有机地整合在了一起。ITIL V3 补充并解释了 V2 的不足之处，在 V2 的基础上增加了一些营销方法与流程，并解释 ITIL 在不同的行业该如何切入，使得 ITIL 跟企业的关系更紧密、流程更加完善。ITIL V3 完善的流程设立使得体系结构更完善，但过于庞大的体系不仅造成内容深度不够，并且使一些流程之间存在重叠性，这种重叠性导致大家对 ITIL V3 流程无法用清晰的脉络来认知与实施。而 ITIL V2 的实施就显得更为成熟。

基于 ITIL V2 的流程框架关系如图 3-1 所示，可分为服务支持流程和服务提供流程两部分。

服务支持流程主要面向用户。它用于确保用户得到适当的服务以支持组织的业务功能。服务支持流程包括体现服务接触和沟通的服务台职能和五个运作层次的流程，即事件管理、问题管理、配置管理、变更管理和发布管理。这五个服务管理流程的主要职能是，确保 IT 服务提供方（IT Service Provider）所提供的服务质量，符合 SLA 的要求。服务台用于提供用户与服务商的接口，接受用户提出的问题，是一个联系客户的战略中心点。服务台也是联系服务支持管理和服务提供管理的纽带。

服务提供流程主要包括服务级别管理、IT 服务财务管理、能力管理、IT 服务持续性管理和可用性管理五个服务管理流程。由于这些管理流程必须解决“客户需要什么”、“为满足客户需求需要哪些资源”、“这些资源的成本是多少”、“如何在服务成本和服务效益（达到的服务级别）之间选择恰当的平衡点”等问题，因而服务提供所包括的这五个核心流程均属于战术层次的服务管理流程。

本节的目的在于阐述如图 3-5 所示的 ITIL 标准中归纳的十个核心流程和一项管理职能，使读者能够从整体上把握 ITIL 的主要内容。

3.3.2 服务台

1）基本概念

服务台，即通常所指的帮助台和呼叫中心，是一种服务职能而不是管理流程。它通过提供一个全球集中的服务联络点，促进了组织业务流程与服务管理基础架构的集成。服务台不仅负责处理事故、问题和询问，同时还为其他活动和流程提供接口。这些活动包括客户变更请求、维护合同、软件协议、服务级别管理、配置管理、可用性管理和持续性管理等。另外，服务台不仅仅是一个故障的记录台，而是可将问题按照紧急程度和优先级进行分析，并根据不同的问题类型，分派不同的维护人员，这样就可以解决成本和质量之间的矛盾，首先将请求按照紧急程度和优先级进行划分后，有限的维护人员在运维管理过程中，可以优先处理严重的故障，等严重的问题解决后，再依次解决一般的故障。

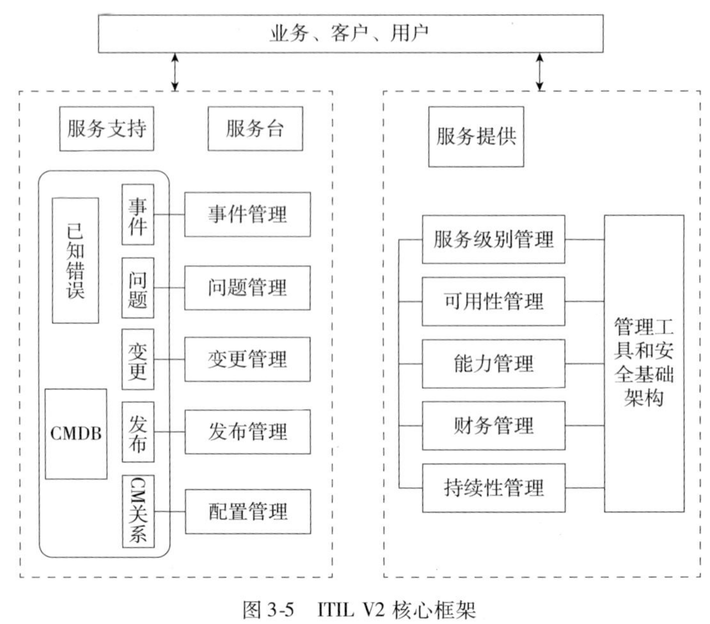

图 3-5　ITIL V2 核心框架

（来源：OGC）

具体来说，在 IT 服务管理中，服务台的主要作用有以下两点：

①对服务提供方而言，是处理客户的询问和请求的平台，并且可以及时向客户和用户传递有关服务的各种情况。

②对客户和用户而言，服务台是联络窗口，在碰到任何需求或疑问时，都可以通过服务台提交给服务提供商。

服务台是由呼叫中心（Call Center）和帮助台（Help Desk）演变发展而来的，并且集成了二者的功能。例如，呼叫中心只负责为大规模基于电话交易的部门提供支持，而帮助台主要负责管理、协调并尽快地解决 IT 服务运营中发生的意外事故。因而它们三者之间有以下共同点：

①它们都是服务提供方联络客户和用户（内部的和外部的）的代表。

②它们运营的宗旨都是客户满意度和客户体验至上。

③它们都依赖于人、流程和技术的整合，以便为业务提供良好的服务。

2）服务台的功能

服务台只是一项服务管理职能，因此，与服务管理流程不同，它没有严格有序的日常运作流程，而只是针对用户的请求或根据服务级别协议的要求进行一些日常运作活动。这些日常运作活动包括响应用户呼叫、为用户发布信息、客户需求管理和客户关系管理、进行供应商联络、日常运作管理、基础架构监控等。具体操作列举如下：

（1）响应用户呼叫

这是服务台的最主要工作，即对于用户发出的错误报告、服务请求、变更请求等事件进行记录和处理。

（2）提供信息

服务台是为用户提供 IT 服务信息的主要来源，一般可以采用布告栏、Email、屏幕消息等方式为用户提供有关错误、故障或新增服务等方面的信息。

（3）客户需求管理和客户关系管理

服务台是服务提供方和客户连接的纽带。因此服务提供方应采取必要的措施和使用适当的技术对服务台进行有效的管理，从而使服务台可以准确迅速地了解客户的需求，改善客户体验，提高客户满意度，加强和客户间的联系。

(4)供应商联络

在IT服务运作出现故障或因客户提出新的服务请求而需进行有关变更时，服务台通常需要负责与供应商进行联络以及维修或替换有关的软硬件组件。

(5)日常运作管理

服务台承担的日常运作管理任务包括数据备份与恢复、磁盘空间管理、建立新用户、管理用户口令等。

(6)基础架构监控

利用相关工具对IT基础架构的运作情况进行监控，一旦检测到故障已经发生或即将发生，就应立即评估这种故障对关键设备可能产生的影响，并在必要时将检测到的故障报告事故管理部门。

3)服务台和其他流程间的关系

服务台是连接用户和IT部门的一个信息交换平台，它能起到双向信息反馈的作用。因此，服务台与许多服务管理流程有着紧密的关系，如图3-6所示。

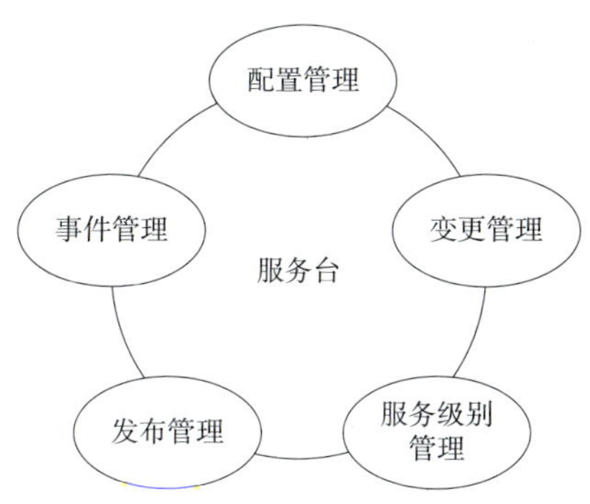

图3-6 服务台与各项服务管理流程之间的关系

(1)与事件管理(Incident Management)的关系

事件管理与服务台关系最为密切。服务台负责跟踪、监控和记录各种事故，并对事件处理请求作出反应。

(2)与发布管理和变更管理的关系

服务台负责收集用户的变更请求和向用户发布有关IT服务方面的信息，为发布管理和变更管理的顺利运作提供支持。

(3)与配置管理的关系

当服务台记录有关事故和问题时，需要验证呼叫者以及相关的IT组件，因此服务台的运作需要结合配置管理流程。

(4)与服务级别管理的关系

服务台在处理用户请求时应该以服务级别协议作为双方协调的依据。当服务台不能解决或未得到服务级别管理授权处理某个服务请求时，将此请求通知服务级别管理人员，同时反馈客户有关情况。

4)服务台的类型

服务台通常有三种结构模式：本地式(分布式)服务台(Local/Distributed Service Desks)、集中式服务台(Centralized Service Desk)和虚拟式服务台(Virtual Service Desk)。

(1)分布式服务台

分布式服务台(也称本地式服务台)是指每个地区或分部都创建了自己的服务台以支持自己的业务运作，如图3-7所示。

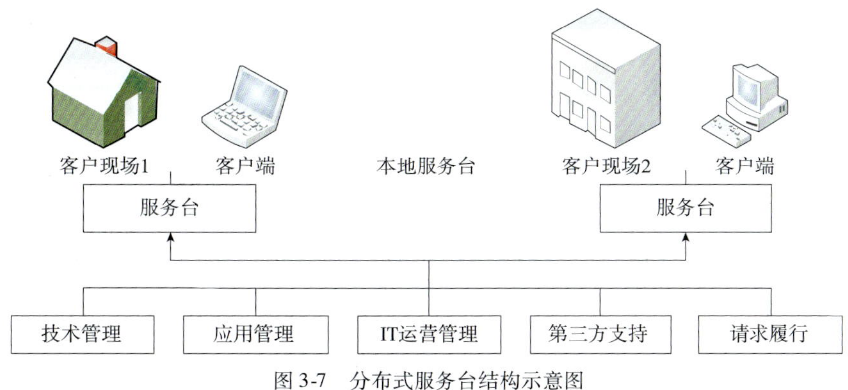

图3-7 分布式服务台结构示意图

分布式服务台可以采取以下三种实现方式：

①中央联系点方式。即所有的用户请求都提交给中央联系点，然后由该联系点将请求分发给各本地支持小组。如图 3-8 所示为具有中央联系点的分布式服务台的结构示意图。

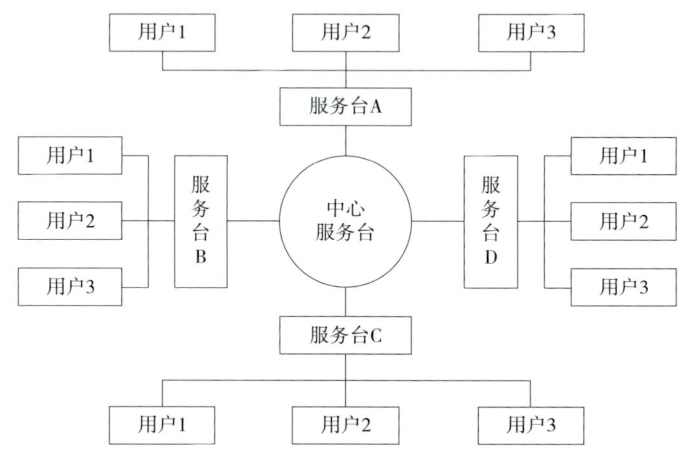

图 3-8　具有中央联系点的分布式服务台的结构示意图

②本地联系点方式。即每一个区域或业务与特定的服务台站点联系。

③呼叫中心方式。这是目前较为流行的一种方式，即用户通过一个集中的免费电话，并根据语音菜单提示选择特定的支持小组。

分布式服务台的优点是便于提供本土化、个性化的服务，响应速度快；缺点是，当用户很多且需要的服务比较相似时，这种模式容易造成重复建设，浪费人力和物力，增加服务台运作的总体成本。

(2)集中式服务台

集中式服务台是指由一个物理上集中的服务中心集中处理所有的服务请求，为用户提供了集中的联系点，如图 3-9 所示。

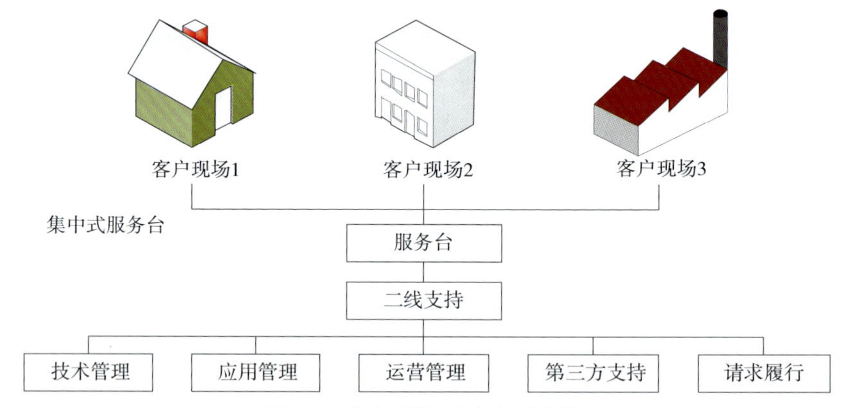

图 3-9　集中式服务台结构示意图

集中式服务台的优点是降低了服务台的总体运作成本，管理控制上得到了加强，提高了资源的利用效率；其缺点就在于难以针对各地区用户的特殊情况提供个性化的服务。

集中式服务台适合于既负责提供服务，又负责为服务提供支持的 IT 部门。服务台既负责接受、记录、监督和升级客户的请求和呼叫，同时也对业务运作提供支持，或者由服务台下属的一个小组负责业务运作支持。有时，也可以由另一个独立的部门负责对业务运作提供支持，这被称作分离功能服务台。

(3)虚拟式服务台

虚拟式服务台是指通过使用现代通信技术和互联网技术将位于不同时区或地点的分布式服务台连

接起来，形成一个对外统一的虚拟化的集中式服务台。虚拟服务台其实是在分布式服务台的基础上通过现代技术实现了集中式服务台。其结构示意图如图 3-10 所示。

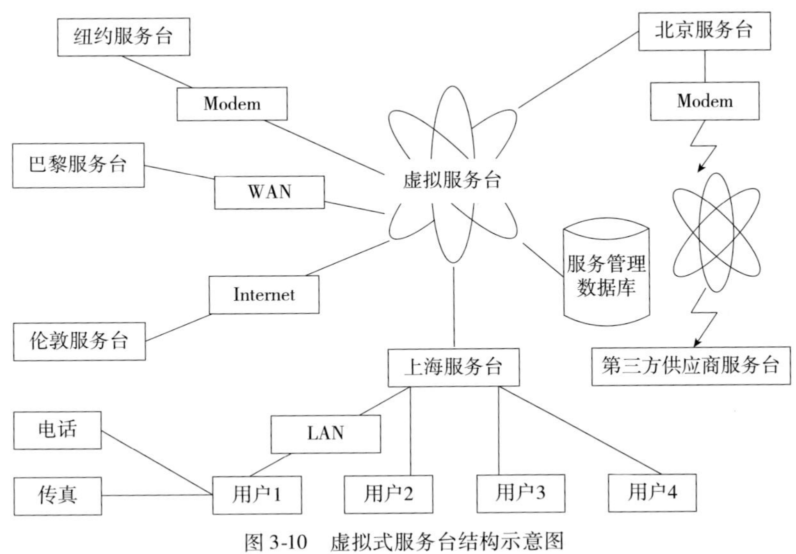

图 3-10　虚拟式服务台结构示意图

虚拟式服务台的优点在于降低了运营成本，加强了统一管理，提高了资源利用率。它可以提供全天候的服务响应，并且可以整合全球各地的资源提供全球统一的服务支持；可以不受时间和地点的限制，在接到客户请求后，可以根据实际情况安排适当的服务专家或工程师出现在客户服务现场，从而可以提高服务运作的持续性和可用性。因此，在经济全球化背景下跨国企业的 IT 服务运作有着独特的优势。虚拟式服务台的缺点是只能提供标准化的服务而无法满足各地个性化需求。

分布式、集中式和虚拟式三种服务台模式，各自有其优点和缺点，应该根据组织自身各方面的情况选择合适的服务台模式或者采用这几种服务台模式的组合。在选择服务台模式时，通常应当考虑以下因素：

①是否存在跨时区提供服务。

②是否需要提供全天候服务。

③IT 用户的地理分布情况。

④各地 IT 系统和 IT 服务应用的个性化程度。

⑤IT 服务台人员充裕程度等。

除了上述三种服务台模式外，还有“自助服务”模式。这种模式与目前银行普遍采用的“自助银行”服务类似，用户不必直接联系支持人员，而是利用服务提供方提供的工具来获得支持服务。自助服务模式的优点是降低了服务提供方的运营成本，提高了服务质量，并且客户使用自主便捷，如直接访问和了解支持信息、自我管理支持处理过程、更易接入和更快解决事故等。

但是，“自助服务”模式除了有虚拟服务台的不足外，其服务内容也受到一定的限制。一般来说，以下一些项目比较容易实现自助服务：

①注册服务请求，检查请求处理情况。

②搜索服务提供方的有关知识库(如知名错误)。

③下载升级程序和程序补丁。

④订购产品和服务等。

5)服务台的主要评价指标

服务台运作的基本目标在于通过对客户(或用户)的请求作出快速反应而提高客户的满意度。因此，客户或用户的满意度是衡量服务台运作效果的综合指标。衡量服务台实际运作效果的 KPI 可分为定量和定性两种。

衡量服务台实际运作效果的常用定量绩效指标如下：

①一线解决率：无须升级至其他支持团队而直接由服务台解决的故障的百分比。

②一线按时解决率：服务台所受理的故障中在约定的时间内解决的百分比。

③准确派单百分比。

④呼叫连通率：所有的用户呼叫中接通的呼叫所占的百分比。

⑤升级到二线支持的呼叫数量。

⑥升级到三线支持的呼叫数量。

⑦平均等待响应的时长。

⑧来自事件管理的故障百分比。

⑨首次分配正确的呼叫百分比(一次正确分配率)。

⑩平均事故解决时间等。

定性绩效指标需要通过用户调查才能测出，如：

①用户是否在可接受的时间内得到满足服务级别目标的答复。

②用户是否得到有关目前或即将发生的变更或错误的通知。

③电话回答是否亲切。

④用户是否会得到关于如何防止事故发生的忠告等。

3.3.3 事件管理

事件管理是一个被动性的任务，也就是减少或消除存在或可能存在于 IT 服务中的干扰因素给 IT 服务带来的影响，以确保用户可以尽快恢复自己的正常工作。事件管理流程的位置及其与 IT 机构中各部门的关系，如图 3-11 所示。

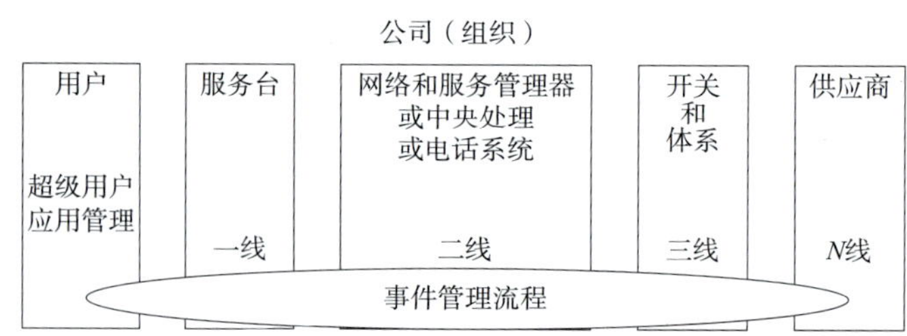

图 3-11　事件管理流程的位置及其与 IT 机构中各部门的关系

1)基本概念

(1)事件

事件(Incidents)是指某一服务中不属于标准操作的并能(或可能)导致服务中断或质量下降的任何事件。

当 IT 服务提供方必须同时处理数个事件，但受时间、资源和人力等的限制而无法实现时，就必须安排事件处理的先后次序，确定每个事件的优先级。优先级一般先由服务台综合考虑用户需求和服务级别协议的要求等因素后确定；对于同一级服务级别的请求，服务台根据影响度和紧迫性决定优先级。优先级确定后，对于同一优先级的请求，根据处理成本决定处理顺序，其中需考虑的成本包括人力、资源和时间等。优先级的决策顺序如图 3-12 所示。

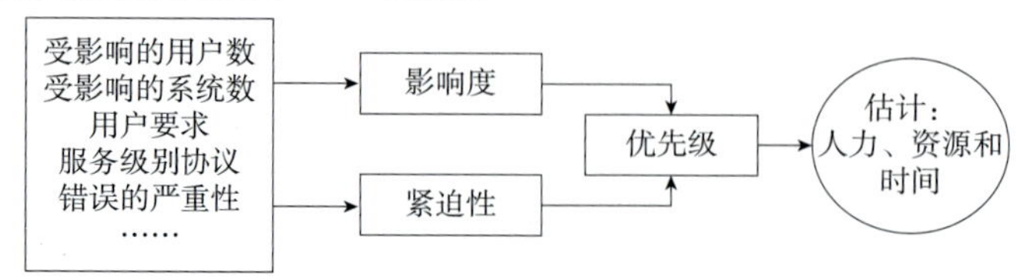

图 3-12　事件优先级决策图

为方便优先级的应用，可将常见的事件分类，然后给每类事件一个相对的优先级代码。这样做提高了事件分类过程，服务台员工也能相对一致地分配优先级。

(2)升级

升级是指如果某一事件不能在规定的时间内由一线支持小组解决，那么需要二线、三线的更有经验的技术人员提供支持。它可能发生在事件解决过程的任何时间和任何支持级别。

升级分为职能性升级和结构性升级。

职能性升级，又称为水平升级、技术升级，是指需要具有更多时间、专业技能或访问权限的人员来参与事件的解决。这种升级可能会超越部门界限，而且可能会包括外部支持者。

结构性升级，又称为垂直升级、管理升级，是指当前被授权机构不足以保证事件能及时、满意地得到解决时，需要更高级别的机构参与进来。

(3)一线、二线和 N 线支持

事件的处理流程线路由所需的专业等级、紧急度和权限等因素决定。一线支持(也称为第一层次支持)通常由服务台来提供；而二线支持则通常由管理部门提供；三线支持则多由软件开发人员和系统结构人员提供；四线支持由供应商提供。如图 3-13 所示描述了事件升级的过程。

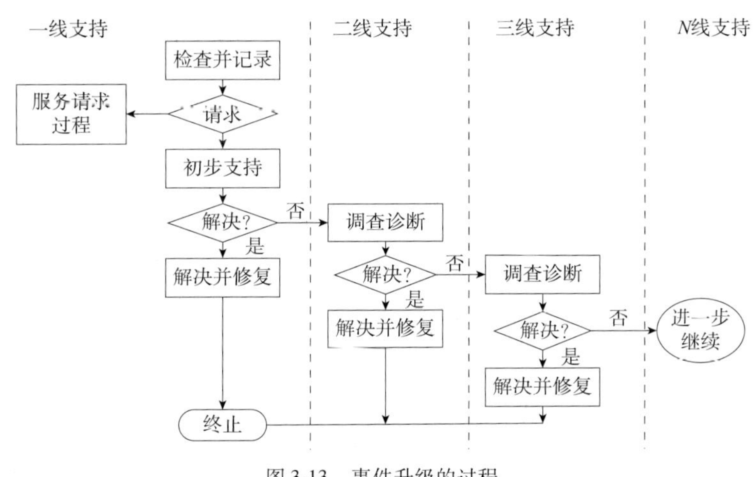

图 3-13　事件升级的过程

(4)服务请求

“事件”不仅包括软硬件错误，也包括服务请求。服务请求是指用户想要获得支持、递送、信息、建议或文档的请求，它并不属于 IT 基础设施方面的故障。

服务请求(Service Requests)也可作为“标准服务”(Standard Services)，它是根据 SLA 提供的；其提供是根据既定程序进行，而这些程序是经过协商的且具有适当的检查和控制功能。

服务请求的例子包括：

①功能方面的问题或请求。

②状态查询。

③口令重置。

④对批处理活动、恢复以及口令认证的请求。

⑤数据库的提取。

⑥要求提供具有一定 IT 技能或服务的新雇员的请求。

(5)变更请求

一个服务请求可能是要求进行一个标准变更，但是只要它属于“标准服务”的范畴，那么就应当由事件管理而不是变更请求流程进行处理。

如果被请求的服务不是事先已经定义好的“标准服务”，并且它将改变 IT 基础设施的状态，那么我们将据此提交一个变更请求(Request for Change，RFC)。

变更请求是变更管理流程的组成部分，不由事件管理流程处理，因而在变更管理章节中说明。

2)事件管理目标

事件管理的目标是要在给用户和公司正常的业务活动带来最小影响的情况下，尽快恢复到 SLA 中定义的正常服务级别。事件管理需要保留事件的有效记录，以便能够权衡并改进处理流程，给其他的服务管理流程提供合适的信息以及正确报告进展情况。

3)事件管理流程

事件管理流程主要包括事件接收和记录、分类和初步支持、服务请求、匹配、调查和诊断、解决和恢复、事件终止以及负责事件进展的监控与跟踪等活动。事件管理流程的主要步骤如图 3-14 所示。

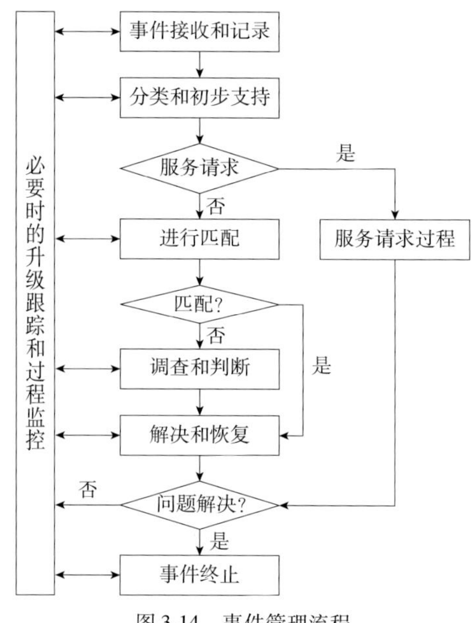

图 3-14　事件管理流程

(1)事件接收和记录

将服务台接收和记录的事件输入事件数据库，并报告给事件管理小组。事件管理人员根据服务台提供的信息及事件数据库信息更新或创建相应的事件记录。

(2)分类和初步支持

根据事件发生的原因和所需支持的类别对事件进行分类。如果发生的事件是重复的，调用已有方案解决；否则确定其优先级，并提交给服务台。如果服务台不能解决该事件，就转移给二线或三线支持处理，然后负责记录事件并协调各支持小组、采取必要措施确保用户满意事件的解决过程。

(3)服务请求

如果事件属于一项服务请求，则启动服务请求程序，并由其他服务管理流程如变更流程、配置管理流程、能力管理流程等流程对服务请求进行适当的处理。

(4)匹配

记录有关事件信息后，需要将其与问题管理中的问题、知名错误进行匹配。匹配成功，就直接用已有方案解决事件；匹配不成功，转移事件给事件管理人员处理。

(5)调查和诊断

如果没有现成的事件解决方案，就需要有事件管理人员对事件进行调查和诊断，并提出快速解决事件的方案或应急措施。

(6)解决和恢复

在确定了事件的解决方案或应急措施后，事件管理人员应当对事件进行解决以恢复 IT 服务的运作。

(7)进展监控与跟踪

事件解决过程中，服务台需要跟踪和监控事故解决的进度和用户的反馈情况，必要时应增加事件解决人员或对事故进行升级。

(8)事件终止

在事件解决之后，服务台应向客户确认对事件解决的过程和结果是否满意，如果达到满意则终止事件，否则应扩展事件处理流程。

4)事件管理和其他流程间关系

在图3-15中可以看到，事件管理流程与配置管理、问题管理、变更管理、可用性管理、能力管理以及服务级别管理等流程具有密切的联系。

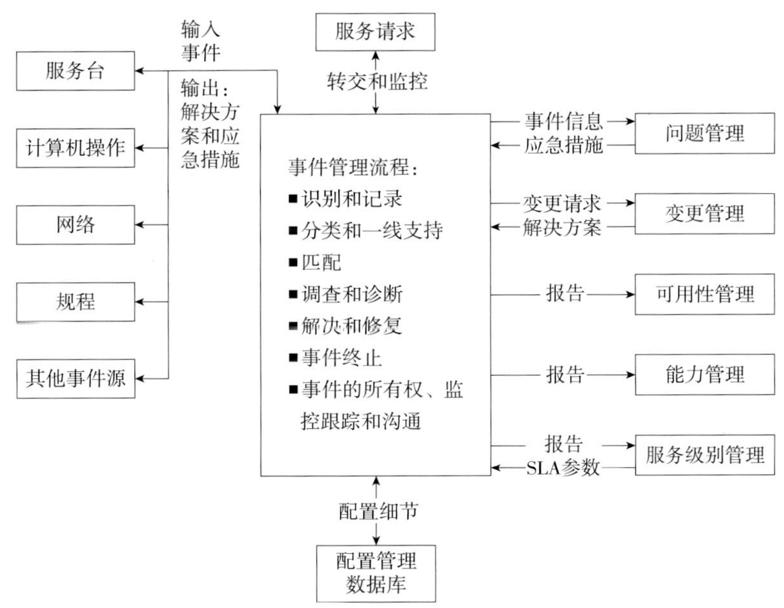

图3-15　事件管理流程与其他流程的关系

将主要关系列举如下：

(1)与配置管理的关系

配置管理数据库记录了资源、服务、用户、服务级别等信息。事件管理在处理事件的过程中需要获取上述信息。

(2)与问题管理的关系

一方面，问题管理流程需要查询事件记录以便查出任何潜在错误；另一方面，问题管理通过提供与特定问题有关的经验信息为事件管理流程提供帮助。

(3)与变更管理的关系

变更管理为事件管理提供了预定变更及状态的信息。另外，变更实施的过程中如果控制不当，可能引发事件(触发事件管理流程)。

(4)与服务级别管理的关系

一方面，事件管理需要服务级别协议中的信息来解决事件，并与客户沟通；另一方面，服务级别管理需要根据事件管理提交的事件管理报告评价服务级别目标的实现情况，并对服务级别协议进行评审。

(5)与可用性管理的关系

可用性管理需要根据事件管理中记录的事件信息及配置管理中的状态数据评价IT服务的可用性。

(6)与能力管理的关系

能力管理流程关注由于能力不足导致的事件(如网络带宽不够)，当出现这类事件时，事件管理应当向能力管理流程提交事件管理报告，以便能力管理重新评价 IT 组件的服务能力并作出必要的调整。

5)关键指标

事件管理流程的目标在于当事件发生时确保事件得到快速解决从而确保 IT 服务快速恢复正常。因此，评价事件管理流程运作的效率与效果主要从事件数量、响应时间、事件得到解决的比例、解决事件所花费的成本等方面加以衡量。具体而言，评价事件管理运作效率的关键绩效指标主要包括：

①一定时间内的事故总数。

②事故在服务级别协议约定的响应时间内得到解决的比例。

③事故直接由一线支持(服务台)解决的百分比。

④事故的平均解决时间和成本。

⑤事故初步归类失误的百分比。

⑥转发不当的服务请求占全部服务请求的百分比。

⑦无需支持人员亲临事故现场而远程解决的事故的数量及比例。

3.3.4 问题管理

问题管理是运维管理中最重要的功能之一。通过问题管理，将问题数量降到最低，并分析挖掘问题产生的根源，避免再次发生类似的问题，从而提高运维资源的利用效率。

问题管理可以确保 IT 服务可用性和质量的到提升。当故障解决后，解决方案的信息将被记录下来。随着问题管理的实施深入，问题管理会逐步走向一个良性的循环：查找并解决的问题越多，预防的故障数量也越多，运维团队忙于“被动救火”的时间就越少，投入问题管理的时间就越多。

问题管理有以下作用：

①提高 IT 服务的可用性。

②提高业务和 IT 人员的生产效率。

③减少无效的规避措施或补救措施的开支。

④减少救火或解决重复故障方面的成本。

⑤有助于知识库的积累。

1)基本概念

(1)问题

问题(Problem)是指存在某个未知的潜在原因的一种情形，这种原因会(或可能会)导致一起或多起事件发生。问题经常是通过分析多个呈现相同症状的事件后发现的。问题也可从单个重要的事件中确认以表示一项错误，这种错误产生的原因虽然未知的，但其产生的影响却可能是非常严重的。

(2)知名错误

知名错误(Known Error，KE)是指问题经过诊断分析后找到事件产生的根本原因并制定出可能的解决方案时所处的状态。在这种状态下，一种临时性的权宜措施或永久性的解决方案已经得到确认。如果一个问题转化成了一个知名错误，则应当提出一个变更请求。但是，在通过一项变更将此知名错误永久性地修复之前，它将仍作为一个知名错误。

(3)问题管理

问题管理是指通过调查和判断 IT 基础架构的薄弱环节、查明事件产生的潜在原因并制定解决事件的方案和防止事件再次发生的措施，将由于问题和事件对业务产生的负面影响减小到最低的服务管理流程。

(4)知名错误数据库

知名错误数据库(Known Error Database，KEDB)是保存问题的症状细节以及临时方案和解决方案等信息的数据库。利用该数据库，可以确保问题再次发生时迅速找到问题的解决方案，从而快速解决故障。

2）问题管理目标

问题管理的目标主要体现在以下三个方面：

①将由IT基础架构中的错误引起的事件和问题对业务的影响减少到最低限度。

②找出出现事件或问题的根本原因，防止与这些错误有关的事故再次发生。

③实施主动问题管理，在事件发生之前发现和解决有关问题。

3）问题管理流程

问题管理包括两种主要的管理方式：主动问题管理和被动问题管理。主动问题管理是通过技术手段主动寻找基础设施中的薄弱环节来阻止事件的再次发生，并提出消除这些薄弱环节的建议；被动问题管理是问题发生后找出导致事件发生的根本原因，并提出解决措施或纠正建议。

在流程上，主动或被动问题管理主要是对问题的识别环节而言。对于识别后的问题，一般采用标准的流程来处理，处理流程如图3-16所示。

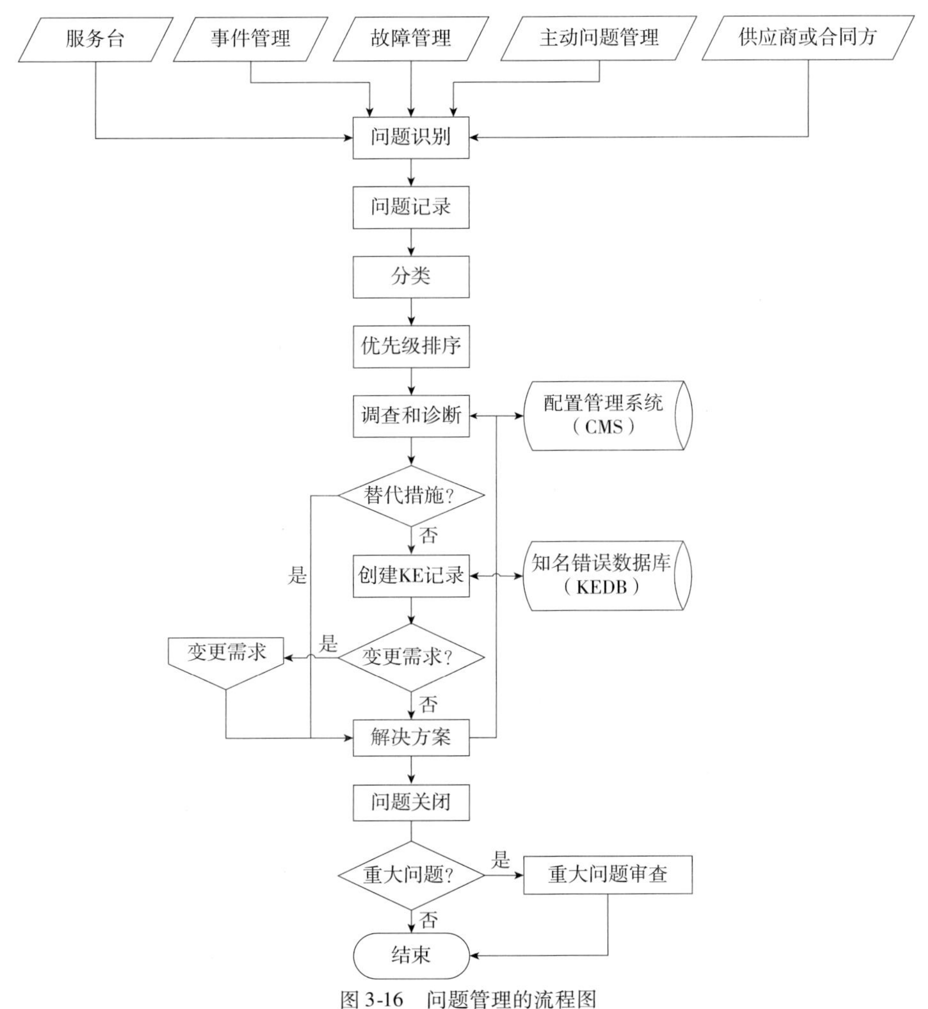

图3-16 问题管理的流程图

问题管理的具体流程如下：

（1）问题识别和记录

问题识别和记录是问题管理流程得以有效启动的前提。问题记录是根据事件的症状以及与事件相关的基础架构的运行情况等识别出问题（故障）并记入问题数据库。

（2）问题分类

问题分类是为了便于评价问题对服务级别的影响，确定、查找和恢复有故障的配置项所需的人力和资源，以及后续分析故障类型和发生频率。问题分类的标准包括以下四个方面：

①类别：确定问题的性质，如是软件、硬件等。

②影响度：问题对业务流程的影响程度，通常表示为受影响的用户数。

③紧急度：用户或业务能够容忍的最长解决时间。

④优先级：对影响度、紧迫性、风险和可用资源等因素综合考虑后得到的先后顺序。

(3)优先级排序

优先级通常是根据故障的紧急度和影响度来确定的。而对于优先级的排序，可以通过建立一个由“紧急度”和“影响度”组成的优先级映射矩阵来确定，也可以使用工具根据选定的参数而自动生成优先级序列。这种确定优先级的规则需要得到客户的认可，并尽可能地列入 SLA 进行约定。

就“影响度”而言，影响程度高的优先于影响程度低的问题，影响度相同的问题，易于解决的问题优于难以解决的问题。

就“紧急度”而言，同一服务级别的客户，紧急程度高的问题优先解决，不同级别的客户综合考虑客户级别和问题紧急程度决定。

(4)问题调查和诊断

问题调查的目的是要找出问题存在的根源。当调查判明了导致事件的未知原因后，需要对这些原因进行分析和测试，以确认其是否是问题产生的最主要和最根本的原因。

(5)创建错误记录并找出临时措施

若问题的根本原因已经查明，并且找到了临时的替代方案，则问题的状态应转为知名错误。

若问题的根源已查明，但出于技术、成本、时间紧迫性等方面的考虑，在尚未提出永久性解决方案以前，应通过使用临时措施解决问题。

(6)问题解决

问题解决方案分为两种情形：一种是无需提交变更请求，只根据组织的业务要求，综合考虑技术、成本、业务、时机等因素实施选定的解决方案以消除问题。另一种是问题的解决方案涉及对 IT 基础架构的变更，则应根据组织确定的变更管理政策提出变更请求。此时，解决方案的实施进入变更管理流程。

(7)问题关闭

问题经理在此节点查看出自己负责处理的问题单，确认问题或知名错误解决方可关闭问题。同时需要将问题的更新信息存入问题数据库中。

(8)重大问题审查

为了防止重大故障再次发生，重大问题在问题关闭后，需要再进行评审。在评审中获取的知识应该在服务评审会议上向客户汇报，使客户知道采取什么行动和计划，以防止故障重演，从而提高客户的满意度，并促使业务部门积极配合服务运营部门预防重大问题发生。

4)问题管理和其他流程间关系

问题管理流程在运作过程中需要与其他多个流程进行信息上的沟通。它需要根据事件管理、能力管理、配置管理、服务级别管理以及能力管理等流程提供的信息制定解决方案和应急措施；同时它所产生的解决方案和变更请求等信息又需要输入事件管理和变更管理流程的运作过程。问题管理与其他管理流程的关系如图 3-17 所示。

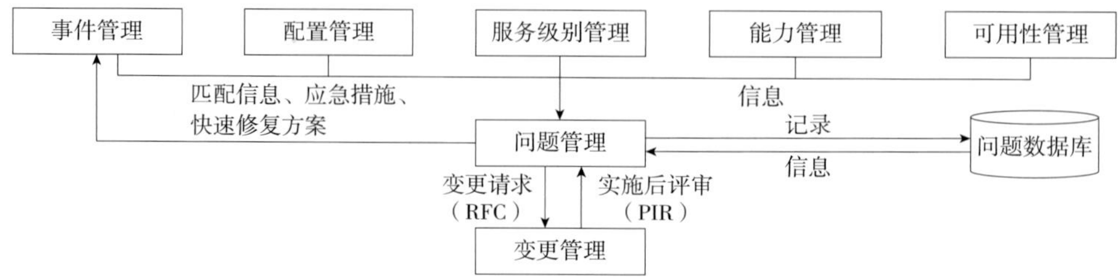

图 3-17　问题管理和其他流程间的关系

问题管理与其他流程间的具体关系如下：

(1)与事件管理的关系

事件管理是和问题管理关系最为紧密的流程。事件管理所提供的事件纪录将作为问题管理的主要信息来源。问题管理则对事件管理提供全面的支持，包括为事件管理提供解决方案及应急措施。

(2)与变更管理的关系

问题管理会根据问题调查的结果向变更管理发出变更请求，变更管理通过实施变更来消除问题。

(3)与配置管理的关系

配置管理所提供的关于基础构架、软硬件配置、服务及其相互关系方面的信息是问题管理进行问题研究的重要信息来源。

(4)与可用性管理的关系

可用性管理为问题管理提供有关基础架构组件可用性方面的信息，从而有助于问题管理对基础架构进行分析和诊断并为问题管理提供信息。问题管理通过识别与解决影响基础架构可用性的因素来帮助可用性管理提高 IT 服务的可用性。

(5)与能力管理的关系

能力管理优化 IT 资源的利用。问题管理利用能力管理提供的信息来识别和定义问题，并通过消除问题来支持能力管理提高服务能力。

(6)与服务级别管理的关系

问题管理利用服务级别管理提供的信息来定义问题；同时问题管理通过对知名错误制定解决方案和预防措施，来提高服务级别。

5)关键指标

衡量问题管理运作效率和效果的关键绩效指标主要包括：

①考察期内问题的总数量。

②服务级别协议时间内解决的问题数量。

③超时解决的问题数量。

④未解决问题数量的累计数和趋势。

⑤解决问题平均花费成。

⑥重大问题数量。

⑦知名错误库中的错误数目。

⑧知名错误库准确率。

⑨主动问题排查率。

⑩通过知名错误解决的事件数。

⑪问题管理提出的变更请求数量。

3.3.5 配置管理

配置管理(Configuration Management)负责记录有关 IT 基础架构的变更情况，监控 IT 组件状态，确保服务管理人员可以清楚地了解各个版本配置项(Configuration Item)的信息。

1)基本概念

(1)配置管理

配置管理是指识别和确认系统的配置项，记录和报告配置项状态和变更请求，检验配置项的正确性和完整性等活动构成的服务管理流程。配置管理是描述、跟踪、控制和汇报所有 IT 基础架构中设备或系统的管理流程。配置管理提供 IT 基础架构精确信息，处于 IT 服务管理核心位置。

配置管理将带来以下好处：

①管理和控制 IT 设备和系统。

②区分 IT 设备系统间的相互关系。

③通过单一或集中的管理，提供准确的资源信息。

④控制配置元素的版本，改进安全状况。

⑤为其他服务管理流程提供信息。

(2)配置项

配置项(Configuration Item)是指基础架构组件或与基础架构有关的项目，包括软件、硬件和各种文档，比如变更请求、服务、服务器、环境、设备、网络设施、台式机、移动设备、应用系统、协议、电信服务等。

(3)配置基准线

配置基准线(Configuration Baseline)是指一个产品或系统在某一特定时刻的配置状况。这种配置体现了其产品或系统的结构，还反映了其具体内容，从而以后可以按照上述配置重建该产品或系统。尽管作为基准线的配置状态可能会发生改变，但这个基准线本身却保持不变。配置基准线可用于：

①IT 基础架构中的授权产品。

②标准配置项。

③开发和测试新配置的起点。

④作为提供给用户的配置的标准，比如“标准工作站”。

⑤作为提供新软件的起点。

(4)配置管理数据库

配置管理数据库(Configuration Manangement Database，CMDB)，是指包含每个配置项及配置项之间重要关系详细资料的数据库。所有的用户关注的资源，包括软件、硬件、应用、中间件、存储、业务服务等，均被识别为配置项 CI 并存储在其中。默认配置类型包括主机、网络设备、无线 AP、存储设备、办公设备、数据库、邮件服务器、中间件、Directory Server、Lotus Domino、J2EEApp Server、Web Server、基础应用、业务服务、资源等。

CMDB 管理所有的配置项及其关系，以及这些配置项有关的事故、问题、知名错误、变更和发布及相关的员工、供应商和业务部门的信息，此外，CMDB 保存多种服务的详细信息以及这些服务与 IT 组件之间的关系，最后，CMDB 保存配置项的财务信息，如供应商、购买费用、购买日期等。

CMDB 不仅提供有限的有关软件、硬件和网络设施方面的信息，还保存了这些基础架构之间的关系以及与它们有关的各种文档。它通过多种协议方式、模拟管理员日常工作行为，完成对服务器、网络设备、安全产品、数据库、中间件、Web 服务、存储设备状态和性能的实时监控，帮助您实现 IT 基础设施管理的可视化和自动化，降低管理复杂度，从而提高对 IT 基础架构的主动监管能力。

(5)最终软件数据库

最终软件数据库(Definintive Software Library，DSL)，是一个存放和保管所有已批准的最终版软件配置的地方，它是软件正本存放的物理性仓库或逻辑性的存储空间。DSL 也可能包括一个用来保管外购软件正本(比如防火墙软件)的物理性软件仓库。由于受到变更管理和发布管理的严格控制，只有那些已经过批准认可的软件才会被纳入最终软件库中。当然，DSL 并不只是为了满足配置管理的需要，它也是发布管理和配置管理的共同基础。

2)配置管理目标

配置管理作为组织 IT 基础架构的信息中心和控制中心，必须实现以下几个目标：

①计量组织和服务中所使用的所有 IT 资产和配置项的价值。

②为其他服务管理流程提供有关 IT 基础架构配置的准确信息。

③为事件管理、问题管理、变更管理和发布管理的运作提供支持。

④核实有关 IT 基础架构的配置记录的正确性并纠正发现的错误。

3)配置管理流程

配置管理流程负责核实 IT 基础设施和应用系统中实施的变更以及配置项之间的关系是否已经被正确记录下来；确保配置管理数据库能够准确地反映现存配置项的实际版本状态。

配置管理流程的基本活动主要包括配置管理计划、配置识别、配置项控制、配置状态报告、配置审验、CMDB 备份、存档和保管等。下面对这些活动进行介绍。

(1)配置管理计划

配置管理是整个组织 IT 基础架构的控制中心和信息中心，它的运作成功与否对其他流程的运作具有相当大的影响。特别是配置管理数据库，它是变更管理和发布管理的基础。因此，在正式实施和运作前应当对配置管理进行充分的计划和安排。

配置管理计划包括：确定配置管理流程的战略、政策和目标，分析现状，确定所需的工具和资源，创建与其他流程、项目和供应商的接口等。

(2)配置识别

配置标识是配置管理的一项基础性工作，通过建立流程来维护对配置管理数据库的更新，它要确定配置项的范围、属性、标识符、基准线以及配置结构和命名规范。

(3)配置项控制

配置项控制是指在正式建立配置文档后对配置项变更进行控制的各种活动，包括对变更的评价、协调、批准或否决等活动。其目的是为了确保配置管理数据库只记录那些得到批准和可识别的配置项，同时确保配置项的增加、修改、替换或删除是根据适当的控制文档(如批准后的变更请求、更新后的规范)进行的。

(4)配置状态报告

配置状况报告是指定期报告所有受控配置项的当前状态及其变更轨迹。通过配置状态报告，配置管理人员可以了解配置项以前、当前及计划的状态，可以跟踪基准线和发布版本之间的变动情况。

(5)配置审验

为了确保配置管理数据库中包含的配置信息能够完全真实地反映 IT 基础架构中配置项的存在及变更情况，配置管理人员需要对配置项和配置管理数据库进行审验，并报告基础架构的当前的状态。

(6)CMDB 备份、存档和保管

CMDB 中的数据信息应当定期进行备份并保存在安全的地方。备份的频率和保管政策需要根据 IT 基础架构的规模和变动情况来确定。

4)配置管理和其他流程间关系

配置管理通过 CMDB 识别、控制、维护与检查企业的 IT 资产，高效的控制 IT 架构与服务，为其他流程，如事件管理、问题管理、变更管理、发布管理等提供准确的信息依据。发布管理会触发生成配置请求根据配置请求确定配置的范围并制订配置计划，识别本次更新的配置项，并将配置项的详细信息以及配置项之间的关系记录到 CMDB 中，并定期对 CMDB 进行审验，保证其配置信息能真实反映实际的情况。

配置管理流程高度依赖于变更管理和发布管理流程，并与这两个流程紧密集成。它也为多个其他流程提供支持，如图 3-18 所示。

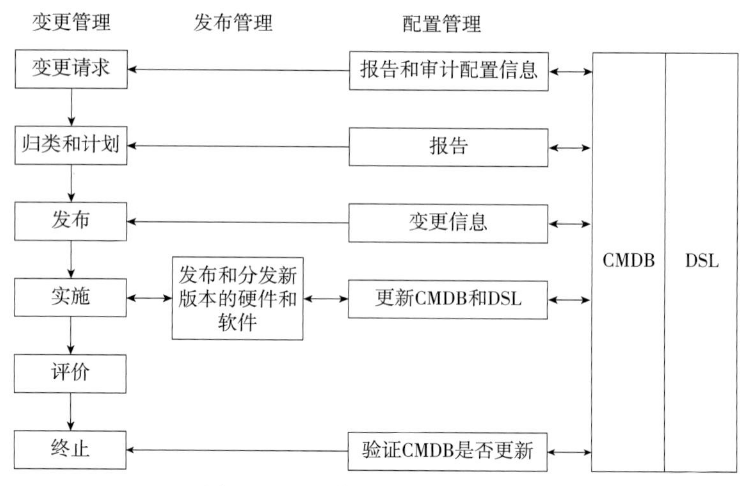

图 3-18　配置管理与其他流程的关系

(1)与事件管理的关系

事件管理需要配置项等方面的信息以确定配置项的具体位置和责任人，了解是否存在与配置项有关的问题和知名错误，以及是否对这些配置项相对应的客户和服务产生了影响。

(2)与问题管理的关系

问题管理需要根据配置管理所提供的基础架构配置方面的信息分析问题和知名错误与配置项的关系，并根据配置管理数据库中的信息对事故和问题进行调查和分析。

(3)与变更管理的关系

变更管理根据配置管理数据库提供的信息来确定将要实施的变更的影响程度；同时，变更管理也为配置管理提供有关 IT 基础架构变更方面的信息，以更新配置管理数据库。

(4)与发布管理的关系

发布管理为配置管理提供有关 IT 基础架构配置变更的发布计划和版本信息以及已实施变更的配置项的信息。另一方面，在实施变更和发布前，发布管理需要根据配置管理提供的配置项信息确定发布的类型和范围。

(5)与服务级别管理的关系

服务级别管理需要配置管理提供有关服务特征、各服务项目相互关系以及支持服务运作的基础架构等方面的信息，服务级别管理数据可保存于配置管理数据库。

(6)与可用性管理的关系

可用性管理根据配置管理数据库提供的信息分析可能影响 IT 组件可用性和 IT 服务可用性的薄弱环节，从而拟订可用性改进计划。

(7)与 IT 服务持续性管理的关系

IT 服务持续性管理根据配置管理数据库的标准配置来制订灾难恢复计划。

(8)与能力管理的关系

能力管理利用配置管理数据库的信息来分析现有 IT 基础架构的服务能力、制订基础架构优化计划、安排有关人员和制订能力计划。

5)关键指标

配置管理流程运营的绩效可以从以下三个方面设立关键绩效指标进行考核：

(1)IT 资产管理方面

①在配置管理数据库中发现的配置项属性出现错误的比例。

②成功通过审查和验证的配置项的比例。

③审查和验证配置项的速度和准确性。

(2)提高 IT 服务质量方面

①因配置项信息不准确而导致的 IT 服务运营故障比例。

②组件修复速度。

③客户对服务和终端设备的满意度。

(3)降低 IT 服务成本方面

①降低错误或重复的配置项的数量。

②维护费用和许可证费用在预算中的比重。

③配置管理软件成本降低额。

④配置管理硬件成本降低额。

⑤配置项平均维护成本降低额。

3.3.6 变更管理

对 IT 服务过程中出现的事故而言，从服务台到事故管理再到问题管理是一个解决力度逐步加强的过程，产生事故的原因也被逐渐地查明。但要真正防止事故的重复发生或减少事故影响，必须实施一定变更以消除事故产生的根本原因，这是被动变更。另外，随着信息技术的快速发展和企业竞争的加剧，IT 基础架构和 IT 服务必须不断更新以适应这种外在的变化，这是主动变更。无论是被动变更还是主动变更，变更都是 IT 服务提供者和客户必须共同面对的问题。

但是，变更过程本身也可能因为疏忽、缺少资源、准备不充分等缘故而导致变更失败或产生新的事故。因此，我们必须对变更过程进行控制，即变更管理。

1)基本概念

(1)变更

变更(Change)是指在维护过程中对系统或服务所作的各种改变，包括增补、移除和其他修改。

(2)变更管理

变更管理(Change Management)是指为了在最短的中断时间内完成基础架构或服务的任一方面的变更而对其进行控制的过程。

(3)变更请求

变更请求(RFC)是指用于记录变更请求的书面文档或电子文档。

(4)变更顾问委员会(CAB)/变更审批小组

在变更管理流程运作过程中，需要组建变更咨询委员会(Change Advisory Board，CAB)。变更咨询委员会负责对问题管理流程提交的变更请求进行评审，并决定是否批准该变更请求的实施。变更咨询委员会同时还应为变更经理(Change Manager)评估实施某项变更可能产生的影响和确定变更的优先级提供专业意见。变更咨询委员从业务和技术两个角度充分评估变更的影响。为此，变更咨询委员会的成员由变更经理、客户、用户经理、用户群代表、应用开发和维护人员以及有关的专家和技术顾问等人员组成。

(5)变更轨迹

变更轨迹(Change History)指可用以对变更进行审计的相关记录和信息，如变更的内容、变更的时间、实施主体以及实施原因等信息。

(6)变更日志

变更日志(Change Log)是对项目期间提出的变更请求的跟踪记录，该记录详细记载了每项变更的内容、对变更的评价、决策以及当前状态等方面的信息。当前状态可以是变更请求的提出、审查、批准、实施和终止五种情况。

(7)变更记录

变更记录(Change Record)指有关经过授权的变更(包括计划中的和已实施的)对哪些配置项产生影响以及怎样产生影响的详细信息的记录。

(8)变更文档

变更文档(Change Document)指有关变更请求、变更控制表格、变更命令和变更记录等信息的文档。变更文档是变更轨迹、变更日志和变更记录的实际载体。

2)变更管理目标

变更管理的目标是确保在变更实施过程中使用标准的方法和步骤，尽快地实施变更，以将由变更所导致的业务中断对业务的影响减小到最低。具体而言，变更管理的目标有以下几点：

①确保所有的变更都遵循标准的方法、程序和规则。

②确保所有的变更都能快捷有效地进行。

③减少与变更相关的事故对服务质量的影响。

④确保所有的变更都有明确的记录可追踪。

⑤维持变更需要和实施变更后的可能后果之间的适当平衡。

3)变更管理流程

变更管理流程的实施以 RFC、CMDB 和变更实施进度表(FSC)为基础，经过登记变更请求、筛选和接受变更请求、确定优先级和归类变更请求、制订变更实施计划、实施变更评价和终止变更、处理紧急变更等变更管理活动之后，产生变更管理报告、变更顾问委员会行动备忘录等管理信息。变更管理流程的过程如图 3-19 所示。

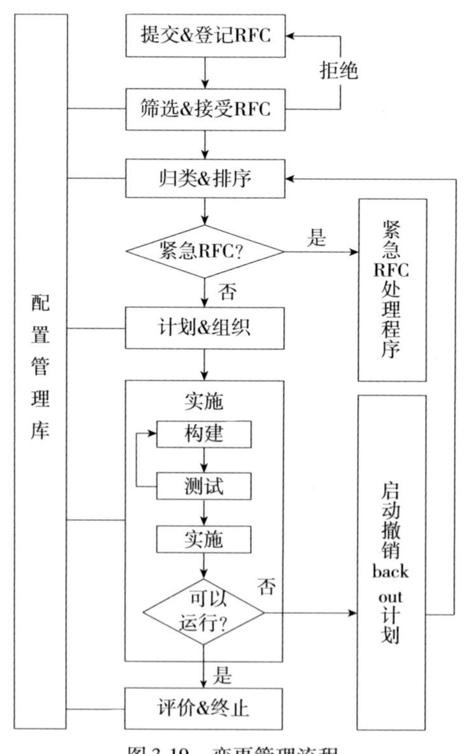

图 3-19　变更管理流程

变更管理流程中各项活动的主要内容如下：

(1)记录和登记变更请求

用户变更请求由高级用户经理批准后再提交给服务提供方，以排除不切实际的或可能受到其他用户反对的请求，同时也有助于降低请求数量。

(2)筛选和接受变更请求

在记录变更请求后，变更管理人员进行初步评价，判断变更请求是否合理合法及是否符合实际。如果拒绝某个变更请求，应说明原因并给变更请求提交者辩解的机会。

(3)确定优先级和归类变更请求

在接受某个变更请求后，变更管理小组必须确定该变更请求的优先级和类别。

优先级是根据问题的影响度和解决问题的紧迫性确定的，它表明了某个变更请求相对于其他变更请求的重要程度。优先级高的变更请求将得到变更管理小组或变更顾问委员会的优先讨论和评价。

变更类别表明了变更的影响和它对组织所提出的要求，其结构和复杂性很大程度上是由业务需要决定的。常用的变更类别分为以下三种：

①较小影响：只需少量工作，且无需提交变更顾问委员会而直接由变更经理批准实施的变更。

②实质性影响：对服务可能产生实质性影响从而需要付出重大努力实施的变更。针对这类变更，变更管理小组根据变更紧迫性的不同，决定是否事先征求变更顾问委员会成员的意见或召集应急委员会成员开会讨论。

③重大影响：这类变更需要先由组织高层管理或相当的部门批准，再交由变更顾问委员会讨论具体实施方面的问题。

需注意的是，变更优先级与变更类别并不是一一对应关系。任何一种优先级的变更都有可能划入上述任一个变更类别。

(4)变更实施计划

变更管理小组按照变更日程或者变更进度安排表来计划变更。重大变更需先由IT管理部门批准，然后再提交变更顾问委员会讨论批准。变更顾问委员会与变更小组及其他有关部门从财务(成本效益分析和预算)、技术(影响度、必要性和可行性)和业务(得到用户的认可和同意)三个方面对变更项目进行规划和审批。

(5)实施变更

经过上述的准备后，即可开始具体实施变更，这个过程主要由构建、测试和实施三个步骤组成。构建活动可能包括构建新的产品模块，创建新的软件版本等内容。为了防止对服务质量造成不良影响，变更项目在实施前应该接受全面的测试。在完成变更项目的测试后，服务支持人员就可以正式实施变更了。变更管理必须确保所有的变更按照变更进度安排表进行。

(6)评价和终止变更

实施变更后，变更管理小组或者变更顾问委员会对已实施的变更进行评价，主要从以下几个方面考虑：

①变更是否达到预期目标。

②客户和用户对变更结果是否满意。

③变更是否存在副作用。

④是否实现了成本效益原则。

如果变更实施成功，变更管理经理或变更顾问委员则终止变更请求。反之，则要决定下一步行动，或者在出现错误之处重新启动流程，或者直接撤销(Back-out)现有行动，同时提交一个新的或修改后的变更请求。

(7)处理紧急变更

紧急变更可能对已计划的工作造成严重影响，且它们本身具有很大破坏性和容易失败，因此提议的紧急变更的数量应该尽量少。当紧急变更无法避免的时候，变更管理应该按照一定的程序对其进行处理。如图3-20所示。

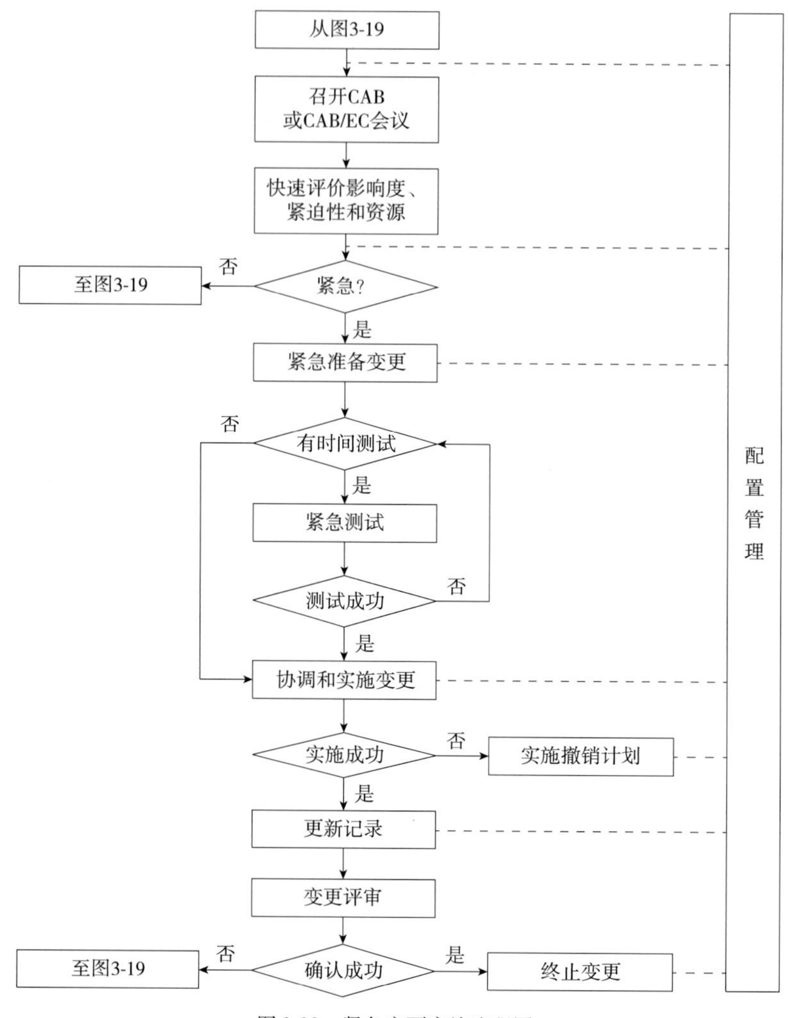

图 3-20　紧急变更实施流程图

4）变更管理和其他流程间关系

变更管理流程的运作与事件管理、问题管理、配置管理、发布管理、服务级别管理、可用性管理、能力管理和 IT 服务持续性管理等流程具有密切的关系，如图 3-21 所示。

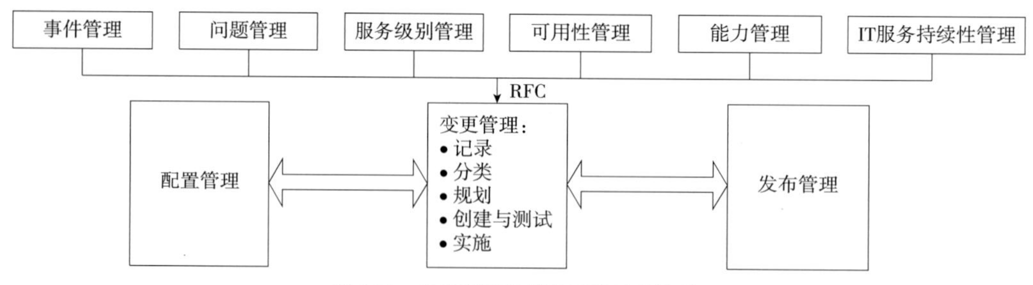

图 3-21　变更管理和其他流程间的关系

变更管理与其他流程间的具体关系如下：

（1）变更管理与事件管理

事件管理与变更管理有两方面的关系。一方面，变更管理处理事件管理请求的变更从而抵消事件的影响；另一方面，变更的实现可能会导致错误和事件，因此事件管理的相关人员必须明白变更的执行，从而快速确定和补救相关的事件。

(2)变更管理与问题管理

变更管理和问题管理的关系与变更管理和事件管理的关系类似。一方面，变更管理纠正错误，解决问题；另一方面，如果变更的实现没有得到很好的控制，变更会导致新的错误，引发新的问题。

(3)变更管理与配置管理

变更管理和配置管理紧密相关，因此这两个流程可以有效地结合起来。在配置管理的控制下，变更被记录下来，同时，变更影响度分析也被记录。配置管理确立了变更正在处理的配置项和其他配置项之间的关系，显示变更将影响到什么。

(4)变更管理与发布管理

在变更管理将某项变更导入实际的运作环境之前，需要发布管理对这些变更项目进行发布和分发，以加强业务方和 IT 部门的信息沟通，尽量减少变更对业务运作的影响。

(5)变更管理与服务级别管理

服务级别管理关注变更对服务和业务流程的影响。变更管理向服务级别管理提交服务计划可用性报告。在报告中，变更管理列出对现有服务级别协议的改变和对服务可用性中变更进度计划表的影响。

(6)变更管理与可用性管理

可用性管理发起旨在提高服务可用性的变更。此外，也对变更是否提高了服务可用性进行验证。

(7)变更管理与能力管理

能力管理首先必须考虑到变更长时间的累积效应，例如，相应时间的增加和更多处理的需求，网络或存储能力。在能力计划的基础上，能力管理将有规律地以变更请求(RFC)的形式提议增加或者变更，以提高现有能力的使用，并对其进行扩展。

(8)变更管理与 IT 服务持续性管理

确保服务持续性的预防措施和修复计划经常被提及，因为基础设施变更可能做出不可用的或者多余的计划。变更管理与 IT 服务持续性管理密切合作以保证 IT 持续性管理能知晓所有可能影响恢复计划(Recovery Plans)的变更并采取措施，确保修复工作顺利完成。

5)关键指标

衡量变更管理的绩效指标应当可以表明变更管理在多大程度上可以有效地处理变更，并且对约定的服务级别只造成尽可能小的影响。具体来说，这些指标应当涉及以下几个方面：

①单位时间内完成的变更的数目。

②变更实施的速度。

③被否决的变更的数目。

④由变更导致的事故的数目。

⑤被撤销的变更的数目。

⑥已实施变更的成本。

⑦所耗时间和资源在预算范围之内的变更的数目。

3.3.7 发布管理

变更管理是负责对变更执行的关键环节进行的控制，而发布管理需要通过执行一套标准化的发布程序来确保达成变更管理的控制要求。

1)基本概念

(1)发布

发布是由一项或多项经过批准的变更所组成。根据层次不同，可以分为三类：

①重大发布：新的硬件和软件的大型试运行，通常是伴随着重大的功能增强。这种发布通常可以消除多个已知错误，包括临时性的应急措施和临时性修复。

②小型软件发布和硬件升级：这种发布通常是对知名错误所做的一些小的改进和修复，通过发布来确保"前可信任状态"得到更新。

③紧急修复：通常是对某个问题或错误进行的临时性修复。

(2)发布单元

发布单元一般是根据组织的发布政策，同时发布的服务或IT基础架构。发布单元根据服务资产或服务组件的类型、项目而有所不同。

(3)版本号

版本号是指标识程序版本的数字。为了保证每一个版本可以按照预先定义的发布策略中的方案被唯一地识别，必须为每一个新发布的软件版本给定一个唯一的编号。

(4)发布类型

发布类型主要包括德尔塔发布(Delta Release)、全发布(Full Release)和包发布(Package Release)三种。

①德尔塔发布，又称局部发布，是指仅对自上次全发布或德尔塔发布以来发布单元中实际发生变化或新增的那些配置项进行发布的一种发布方式。

②全发布，是指同时构建、测试、分发和实施发布单元的所有组件的发布方式。全发布的最大优势在于：发布单元的所有组成部分都是集中进行构建、测试、发布和实施的，由此就规避了旧版本的配置项应用到新版本中的风险了；其不足之处在于：构建、测试、发布和实施一个版本需要付出更多的时间、精力和计算机资源。

③包发布，是指将一组软件配置项以包(Package)的形式一起导入实际运营环境的发布方式。为了减少发布频率以使实际运营环境保持更长时间的稳定性，如果能确保稳妥地处理大量变更而不会出现问题，就可以将单个的发布组合在一起形成一个包发布。全发布和德尔塔发布都可包括在包发布中。

2)发布管理目标

发布管理负责将经测试无误的软硬件版本发布到目的变更地点，并保证相应的服务级别。具体来说，发布管理需要实现的目标包括：

(1)计划和协调软硬件组件的发布。

(2)设计和实施有效的程序来分发和安装IT系统的变更。

(3)确保只有正确的、被授权的和经过测试的软硬件版本才能导入实际运作环境。

(4)结合变更管理，准确发布的确切内容和首次发布计划。

(5)确认所有最终软件库中软件正本的拷贝是安全可靠的，并且在配置管理数据库中得到了更新。

3)发布管理流程

发布管理流程的实施应当在变更管理流程的控制下进行，发布管理几乎贯穿整个变更生命周期。具体来说，发布管理可应用于组件的设计开发、控制测试和实际运营三种环境，其包含的主要活动如图3-22所示。

(1)制订发布策略

制订发布政策的目的在于明确发布管理中的角色分配和责任划分。发布政策通常是作为总体变更计划的一部分来制定的。发布政策的主要内容通常包括：

①发布的命名和编号规则。

②有关重大发布和小型发布的具体定义，以及有关签发紧急修复的政策。

③确定重大发布和小型发布频率的指导性原则。

④每种发布类型的预期成果，如安装指南和发布记录等。

⑤从应用构架和设计的技术角度看，集中式发布管理的职责。

⑥有关发布管理控制流程(如评审会、进度评估、升级、影响分析等)的描述。

⑦DSL 中配置的文档记录和新增软件的验收标准。

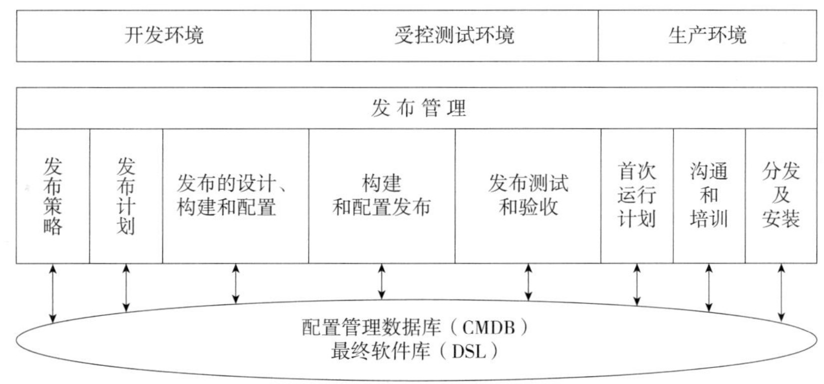

图 3-22　发布管理流程的主要活动

(2)制订发布计划

发布计划需要根据变更进度计划表制订。在发布计划中，需要明确发布日程、角色和职责分配、资源级别、发布撤销计划、发布质量计划等方面的问题。制订发布计划所需的信息输入包括项目的生命周期、经批准的变更请求、发布政策、业务需求概要、约束和先决条件、变更咨询委员会的审批结论等。

(3)发布的设计、构建和配置

发布的设计应当根据发布政策和组织的总体变更计划制定。发布设计的主要目的是要明确发布的类型、发布的频率、发布的方式等问题。构建发布需要对流程进行规划和文档记录，并尽可能地使用标准化流程。发布构建的完整记录也要保存到配置管理数据库中，这是为了确保在必要时能按照该配置记录重复构建。

(4)发布测试和验收

在一项发布最终引入实际运作之前，必须经过严格的测试和用户验收。发布测试主要负责对将要引入实际运作环境的发布及其安装流程进行测试，以确保发布和变更成功。发布验收应当在一个可控的测试环境中执行，这个可控的测试环境还要求能恢复到已知的软件和硬件配置。

(5)首次运行计划

首次运行计划拓展了当前的发布计划，在发布计划的基础上增加了有关安装过程的详细信息和实施计划。首次运行计划中应明确首次运行的时间安排、需要安装和卸载的配置项、沟通计划等方面的内容。

(6)沟通和培训

为了使客户关系管理人员、客户和支持人员了解发布管理流程中所作计划的具体内容，需要发布管理人员与他们进行适当的沟通和培训。在首次运行过程中产生的问题和变更也需要充分传达给上述各方，以使他们能够了解整个过程并随时调整自己的期望。

(7)分发及安装

在完成上述各项活动后，发布管理需要将拟变更的新版本的软硬件分发至目的地。对于软件的分发，发布管理需要进行适当的设计以确保在整个处理、打包和移交过程中能够保持软件的完整性。

软件分发完成以后，整个变更生命周期的最后一步就是要将发布的应用软件或硬件引入实际运作环境，对引入的软件或硬件进行安装。

在完成软硬件的安装之后，发布管理和变更管理需要将有关信息反馈给配置管理流程，以便配置管理人员对配置管理数据库进行更新。

4)发布管理和其他流程间关系

发布管理主要与配置管理、变更管理、问题管理、服务台具有较大的关联。具体介绍如下:

(1)与配置管理的关系

当一个新版本的软件或硬件被导入或导出最终软件库或最终硬件库中，配置管理应当将这些信息同步更新或添加到配置管理数据库中。而发布管理在发布过程中需要用到配置管理提供的各种配置信息。

(2)与变更管理的关系

变更管理需要发布管理的配合以尽量降低变更对服务质量的影响。发布管理负责将变更导入或转出实际运作环境，保持 IT 部门和客户之间的信息沟通。发布管理是在变更管理的控制和授权之下运作的。

(3)与问题管理的关系

问题管理根据发布的新版本的信息更新知名错误数据。

(4)与服务台的关系

服务台人员应当根据发布管理发布的信息对导入实际运作环境的新版本软硬件进行监控和维护。

5)关键指标

衡量发布管理流程运作的效果主要应考虑以下关键绩效指标:

①在资源预算的限度内按计划构建和实施发布的数量。

②构建失败的次数。

③DSL 管理的安全性和准确性。

④所有进入 DSL 中的软件都通过了质量检验。

⑤所有外购软件都符合有关的法律规定。

⑥准确地将发布的软硬件版本分发至所有远程地点。

⑦没有未经授权的版本替代以前的版本。

⑧发布构建中没有出现浪费的复制版本。

⑨计划的发布项目与实际的发布项目保持一致。

⑩发布管理所需的 IT 和人力资源得到良好的后续规划和安排。

3.3.8 服务级别管理

服务级别协议(SLA)是指提供服务的企业与客户之间就服务的品质、水准、性能等方面所达成的双方共同认可的协议或契约。此外，IT 服务部门还需要分别与内、外部供应商签完运营级别协议(Operation Level Agreement, OLA)和支持合同(Underpinning Contracts, UC)。这三份协议构成了支持服务级别管理流程运作的服务级别协议体系。这三份协议之间的关系如图 3-23 所示。

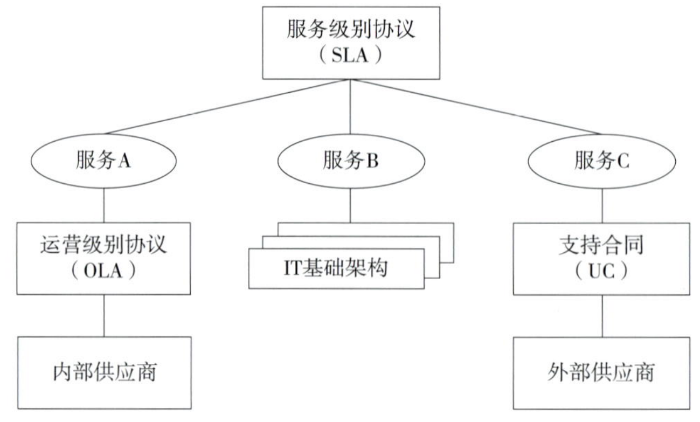

图 3-23　服务级别协议体系

在瞬息万变的外部商业环境中，IT服务提供方必须根据自身技术条件和自身业务需求相应地调整其提供的IT服务的质量级别，使之符合组织的业务需求并将成本控制在合理的范围内。因此，从某种程度上说，服务级别管理(SLM)是在客户满意度和IT服务成本之间所进行的一种权衡。

1)基本概念

(1)服务级别管理

服务级别管理是指为制定服务级别协议而进行的计划、协调、草拟、协商、监控和报告，以及签订服务级别协议后对服务绩效的评审和报告等一系列活动所组成的管理流程。

(2)IT服务提供方

IT服务提供方(IT Service Provider)是指按照服务级别协议要求向客户及其用户提供组织所需的IT服务的单位及其人员。IT服务提供方既可以是组织内部设立的一个部门，也可以是独立于组织的第三方组织，后者即为IT服务外包的情形。

(3)外部供应商

外部供应商(External Supplier)是指按照支持合同(UC)要求向组织内IT服务提供方提供相关服务或产品支持的第三方组织或个人。

(4)服务级别协议

服务级别协议是IT服务提供方和客户之间就服务提供中关键的服务目标及双方的责任等有关细节问题而签订的协议。服务级别协议一般根据客户体验(Perception)以一种非技术化的语言描述有关服务项目，在协议规定的服务期内，它可以作为评价和调整有关IT服务的一个标准。

(5)运营级别协议

运营级别协议是指IT服务提供方和组织内部IT部门就某个具体服务项目(如网络可用性、打印服务可用性等)的提供而达成的协议。运营级别协议为IT服务提供方提供有关IT服务做出支持。

(6)支持合同

支持合同是IT服务提供方与外部供应商就某一特定服务项目的提供与支持所签订的协议。例如，IT服务提供方可能需要租用外部供应商的通信线路等。支持合同类似于运营级别协议在组织外部实施的情形。在很多组织中，IT服务一般由组织内部IT部门提供，因而其服务级别协议和运营级别协议通常只是在内部部门之间就协议内容所作的一个说明而非正式的法律合同，而支持合同则通常是与外部供应商签署的正式合同。

2)服务级别管理目标

明确服务级别管理的目标，有助于提高服务级别管理流程的实施效率和效果，还有助于理解服务级别管理流程和其他服务管理流程之间的联系和界限。服务级别管理需要实现的目标包括：

①明确客户的业务需求及相应的IT服务需求。

②确保以合理的成本提供约定的IT服务级别。

③确保实际的IT服务级别达到约定的服务级别的要求。

④改善客户关系和提高客户满意度。

3)服务级别管理流程

服务级别管理是围绕服务级别协议、运营级别协议和支持合同的签订、实施和评价考核等活动而展开的一个管理流程，其基本的出发点是客户的业务需求。服务级别管理的基本流程如图3-24所示。

(1)识别客户业务需求

IT服务级别经理必须和客户进行全面和充分的沟通，以帮助客户确认真实的业务需求。在充分沟通和全面了解的基础上，服务级别管理人员应当撰写服务级别需求(SLR)文档，以作为制定服务级别协议的依据。

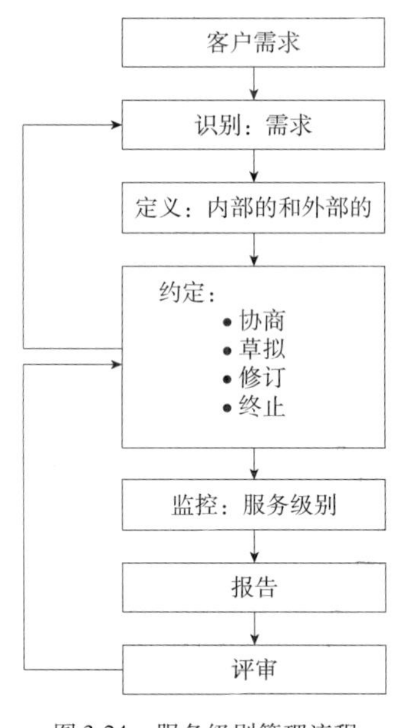

图 3-24　服务级别管理流程

(2)定义服务项目

在确定客户的业务需求之后，服务级别管理人员需要根据服务级别需求整理和设计出可以满足这些需求的实实在在的服务项目，并形成服务描述单(Service Specification Sheets)和服务质量计划(Service Quality Plan)。

(3)签署相关协议

在明确了客户的业务需求并针对这些需求定义了服务项目之后，服务级别经理可以开始准备和各方签订相关的协议了。在此过程中，服务级别管理人员需要做好以下几项工作：实施客户期望管理、协商服务级别目标、确定协议结构安排、草拟服务级别协议、制作服务目录、签署服务级别协议、签署运作级别协议和支持合同、发布服务级别协议。

(4)监控和报告

在服务级别协议的实施过程中，IT 服务提供方应当启动有关的监控程序对服务级别目标的实现情况进行监控，并定期向客户(或客户代表)及相应的 IT 经理提交服务级别报告。

(5)评审

服务级别管理人员应当定期和客户(或客户代表)举行服务评审会。服务评审会应当重点关注那些服务级别目标未实现的环节，查出导致服务失败的原因并制订相应的服务改进计划。

4)服务级别管理和其他流程间关系

服务级别管理是协调服务提供方和服务接受方的关键性流程，它为规范双方行为、解决双方争议提供了一个管理框架和协商的基础。服务级别管理促使客户去思考和确定他们真实的业务需求，也使得 IT 服务提供方更加专注于服务质量的提高。通过考虑 IT 服务提供过程中发生的成本，服务级别管理还有助于提高 IT 服务的经济效益。服务级别管理与所有的服务管理流程都有关联。下面仅介绍最主要的关系，即服务级别管理与服务台、可用性管理、能力管理、事件管理、问题管理、IT 服务持续性管理和 IT 服务财务管理等流程之间的关系。

(1)服务台

服务级别管理可以从服务台间接地了解客户对服务级别的满意程度，这对服务级别管理调整有关活动以满足客户需求是非常重要的。服务台需要根据服务级别协议来协调客户和 IT 服务提供方的关系，并根据服务级别协议对客户进行需求管理和期望管理。

(2)可用性管理

服务级别管理为可用性管理提供了有关 IT 服务可用性程度的相关数据和参数，而可用性管理则为服务级别管理提供了实际可用性程度的相关数据，从而便于服务级别管理确定实际的服务级别。

(3)能力管理

能力管理能够为服务级别管理提供有关新增服务项目或已有服务项目的拓展对 IT 基础架构总体服务能力的影响的信息，从而便于服务级别管理确认新增服务项目或已有服务项目的拓展对服务级别的影响。服务级别管理则可以为能力管理提供有关服务级别协议中已约定或即将约定的服务能力当期及未来使用情况的信息，这为加强能力管理流程满足服务级别协议中约定的服务品质要求提供了依据和标准。

(4)事件管理和问题管理

事件管理和问题管理是服务级别协议有效实施程度的良好指示器，事件管理和问题管理对于在事件和问题发生后恢复服务级别发挥了重大作用。服务级别管理在向客户报告有关实际服务级别时需要使用事件管理和问题管理流程中提供的有关报告和数据。

(5)IT 服务持续性管理

服务级别协议中一般明确规定了当某一事故(或灾难)发生时，已约定的服务级别可以暂时不适用或可以暂时降低，同时有关恢复 IT 服务的措施和成本也应在服务级别协议中予以明确化。对服务的变更或服务级别协议的规定都可能改变已确定的保证服务持续性的措施和程序。

(6)IT 服务财务管理

如果客户需要为其享受的 IT 服务支付费用，那么有关服务收费的问题必须在经谈判后在服务级别协议中做出明确的规定。IT 服务财务管理流程为服务级别管理提供了有关 IT 服务成本、收费方式以及收费标准等信息，从而有助于服务级别管理对服务级别和服务成本做出恰当的权衡，提高服务级别决策的科学性。

5)关键指标

衡量服务级别管理流程运作效率和效果的关键绩效指标主要包括：

①未达成服务级别协议目标的数量减少的百分比。

②服务级别协议目标受威胁数量减少的百分比。

③客户对于服务级别协议成果的感知和满意度增加的百分比。

④由于第三方支持合同造成的为满足服务级别协议数量减少的百分比。

⑤由于内部运营协议造成的为满足数量减少的百分比。

⑥要求变更的服务级别协议百分比。

⑦按时完成的服务级别协议评审数量。

⑧服务级别协议之外的服务数量。

⑨尚未认可的内部运营协议和第三方支持合同的数量。

⑩服务级别协议所涵盖的服务项目的数量和比例。

⑪服务级别目标得到满足的数量和比例。

⑫服务级别目标出现违约的数量以及这些违约的严重程度。

⑬客户满意度。

3.3.9 财务管理

随着企业对 IT 系统依赖程度的增加以及 IT 系统预算的持续增加，人们越来越重视 IT 系统本身的成本等一系列问题。IT 服务财务管理考虑 IT 资源的效率及经济价值，旨在将基于预算的 IT 组织转变为类似于商业组织的具有成本意识的组织，为用户提供成本合理的 IT 服务。

1)基本概念

(1)IT 服务财务管理

IT 服务财务管理(Financial Management for IT Services)是负责对 IT 服务运营过程中所涉及的所有资源进行货币化管理的流程。

(2)预算编制

预算编制(Budgeting)是组织用于预测和控制费用开支的一个子流程。预算编制由定期协商以设定预算目标(通常是每年一次)和对当前预算执行情况进行日常监控两部分组成。

(3)IT 核算

IT 核算(IT Accounting)是指对 IT 服务运营过程中产生的各种效益和成本进行确认、计量和报告的过程。通过 IT 核算可以确保 IT 部门对成本支出的方式负全面的责任，IT 核算还可以计算向组织内部及外部客户提供每一项服务的成本、指出在提供服务过程中资金的去向、提供 IT 成本效益分析或投资回报分析数据、描述成本的变化趋势。

(4)服务计费

服务计费(Charging)是负责向使用(接受)IT 服务的客户收取相应费用的子流程。服务计费子流程包括计费对象的确定和计费方法的选择，计费子流程的顺利运营需要以 IT 服务会计核算系统为基础。

2)财务管理目标

实行 IT 服务财务管理的目的是帮助 IT 部门在提供服务的同时加强成本效益核算，以合理利用 IT 资源、提高效益。在市场经济环境下，IT 服务财务管理目标中往往需要体现组织的盈利目标及市场目标。具体而言，IT 服务财务管理流程应当实现以下目标：

①对支持 IT 服务运作的 IT 资产和资源进行成本效益管理。

②为 IT 服务管理人员基于成本效益原则对每项 IT 投资做出科学的决策提供信息。

③便于企业内部采取商业化形式进行 IT 服务的运作。

④全面核算 IT 服务的运作成本。

⑤通过服务计费引导客户行为，节约 IT 服务成本。

3)财务管理流程

IT 服务财务管理主要包括预算编制、IT 核算和服务计费三个子流程。如图 3-25 所示。

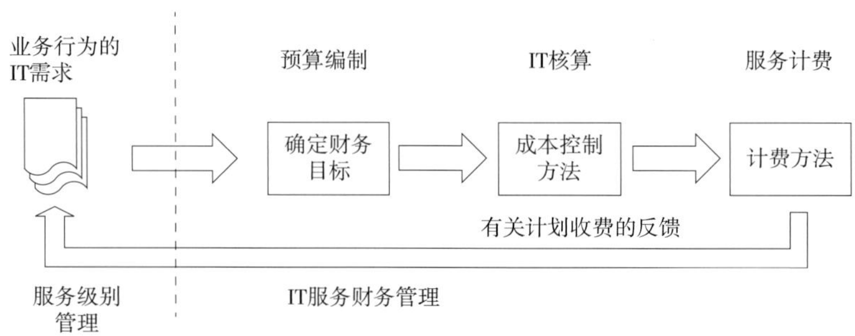

图 3-25　IT 服务财务管理流程

IT 服务财务管理三个子流程之间具有一定的逻辑关系，其中，预算编制子流程对拟运作的 IT 服务进行成本预算，以作为 IT 服务实际运作后控制实际成本的依据。IT 核算子流程负责对所有的 IT 服务项目进行成本和效益核算，并将实际的结果与预算数据进行对比分析，找出差异并进行处理。IT 服务计费子流程根据 IT 核算子流程提供的成本信息计算发生的服务费用。

IT 服务财务管理流程的主要活动如下：

(1)工作量预测及预算编制

在编制预算前，需要对未来的 IT 服务工作量进行预测，并结合以往成本数据预测 IT 服务的成本。在对所有 IT 服务项进行了合理的预测后，便可以着手编制 IT 服务预算。预算的目的在于对组织的 IT 投资进行计划和控制，避免不必要的浪费，提高 IT 服务的经济效益。

(2)确定责任中心

确定责任中心是进行 IT 核算的前提。IT 确定的责任中心不同，需要的会计核算信息也不同。一般来说，可以将 IT 部门确立为三种性质的责任中心，即核算中心、成本中心和利润中心。

(3)IT 服务项目的成本

成本要素是成本项目的进一步细分结果，例如硬件进一步细分可以分为办公室硬件、网络硬件以及中心服务器硬件，这有利于把识别的每一项成本都容易地填写在成本表中。

下述指标用于评价投资的回报率，用于判断投入 IT 服务项目的成本是否合理：

①投资评价。

投资回报率(ROI)和投资所获价值(VOI)是投资评价的两个重要指标。

②投资回报率。

投资回报率是指对投资价值进行量化考核的一个指标，用在IT服务投资中，它可以用来评价事先设定的IT投资目标的实现情况。

投资回报率的计算公式如下：

投资回报率＝平均年利润增加额/项目投资额

③投资所获价值。

投资所获价值是指衡量某项投资所获得的投资回报之外的额外收益的指标。这里所指的额外收益是指除投资回报率中涵盖的货币化收益之外是非货币收益或者中长期收益。ROI是VOI的一部分。

(4)差异分析

在取得了实际的IT服务的成本数据后，IT会计人员实际的成本数据与相应的预算数据、计划数据相比，确定差额，调查差异产生的原因，并将差异产生的责任落实到人，同时采取适当的措施处理这些差异。

(5)服务收费

当IT部门作为成本中心或利润中心运作时，需要通过向客户收费补偿其IT成本或实现利润目标。通过为IT服务客户收费，可以达到以下目的：

①促使业务部门有效地控制自身的需求。

②降低总体服务成本并重点关注那些不符合成本效益原则的服务项目。

③通过付费，使组织将服务项目与合理业务需求紧密地结合起来。

4)财务管理和其他流程间关系

IT服务财务管理流程主要与服务级别管理、能力管理和配置管理相关联。

(1)与服务级别管理的关系

IT服务财务管理流程为服务级别管理流程提供诸如满足客户当前及未来业务需求所需的成本、组织的计费政策及其对客户行为的影响等信息，从而有助于服务级别管理针对客户的业务需求和IT服务成本确定合理的服务级别。

(2)与能力管理的关系

IT基础架构所提供的能力及可用性将受到IT成本的影响，所以必须和客户协调由于能力及可用性的提高会导致成本增加的问题。IT服务财务管理流程提供的IT服务成本和效益方面的信息可以帮助能力管理人员决定是否需要采购额外的IT能力或改进IT基础架构的可用性。

(3)与配置管理的关系

配置管理数据库提供的成本信息有助于IT服务财务管理流程收集历史成本信息，而IT服务财务管理流程提供的财务信息有助于配置管理调整有关的资产数据。

5)关键指标

IT财务管理流程中常用的关键绩效指标包括：

①IT成本计量率。

②计费公式变更次数。

③财务报表制作延迟。

④月度预测制作延迟。

⑤财务预测的准确率。

⑥IT的总体拥有成本。

⑦关于IT成本的投诉量。

⑧客户满意度。

3.3.10 能力管理

能力管理主要关注组织业务和IT基础架构之间的关系，它不仅要评价和改进现有服务能力，而且还应分析和预测组织未来的业务需求，从而据以确定未来应当配置的服务能力的级别。因此，能力管理流程是一个积极的、具有前瞻性的服务管理流程。

1)基本概念

(1)能力管理

能力管理(Capacity Management，CM)是指在成本和业务需求的双重约束下，通过配置合理的服务能力使组织的IT资源发挥最大效能的服务管理流程。

(2)业务能力管理

业务能力管理(Business Capacity Management，BCM)是能力管理的一个子流程，其主要任务是根据组织的业务计划和发展计划预测和规划组织未来业务对IT服务的需求，并使其在制订能力计划时得到充分考虑。

(3)服务能力管理

服务能力管理(Service Capacity Management，SCM)是能力管理的一个子流程，其主要任务是对服务级别协议中确定的服务项目的绩效进行监控、评价、记录、分析和报告，以及在必要时采取适当的行动以确保服务绩效能满足组织的业务需求。

(4)资源能力管理

资源能力管理(Resource Capacity Management，RCM)是能力管理的一个子流程，其主要任务在于对IT基础设施中的所有组件进行监控、评价、记录、分析和报告，以及在必要时采取适当的行动对现有的IT资源进行调整，以确保其支持的IT服务能够满足组织的业务需求。

(5)绩效管理

绩效管理(Performance Management)是指对IT基础设施组件进行测度、监控和调整等一系列旨在提高IT基础设施服务绩效的管理活动。

(6)应用选型

应用选型(Application Sizing)是指对运营新增或改进的应用系统所需的硬件和网络资源进行估计和分析，从而确保资源的配置能够支持正常的服务运营及相应的服务级别需求。

(7)能力数据库

能力数据库(Capacity Database，CDB)是指用于存储能力管理流程中所采集的业务数据、服务数据、技术数据、财务数据以及资源利用数据等数据信息的数据库。

(8)弹性

弹性(Resilience)是IT基础设施质量特征的一个方面，具体是指在一个或多个组件出现故障后IT基础设施仍能支持系统的充分运行而不影响其主要功能的特性。

2)能力管理目标

能力管理需要根据组织当前及未来的业务需求以合理的成本为IT服务运作配备所需的IT资源。所以，能力管理不仅要了解组织当前的业务需求及未来的业务需求，还要合理地预测技术发展的趋势，从而做到服务能力与服务成本、业务需求与技术可行性的最佳组合。

具体而言，能力管理需要实现以下目标：

①分析当前的业务需求和预测将来的业务需求，并确保这些需求在制订能力计划时得到充分的考虑。

②确保当前的IT资源能够发挥最大的效能、提供最佳的服务品质。

③确保组织的IT投资按计划进行，避免不必要的资源浪费。

④合理地预测技术的发展趋势，从而实现服务能力与服务成本、业务需求与技术可行性的最佳组合。

3)能力管理流程

能力管理流程包括三个子流程，即业务能力管理，服务能力管理和资源能力管理。

业务能力管理子流程主要关注组织未来业务对 IT 服务的需求，并确保这种未来的需求在制订能力计划时得到充分考虑。

服务能力管理子流程关注的是现有的 IT 服务品质能否达到服务级别协议中所确定的服务级别目标。

资源能力管理子流程主要关注 IT 基础架构中每个组件的能力和使用情况，并确保 IT 基础架构的能力足以支持服务级别目标的实现。

能力管理流程的输入、输出以及各子流程包括的活动如图 3-26 所示。

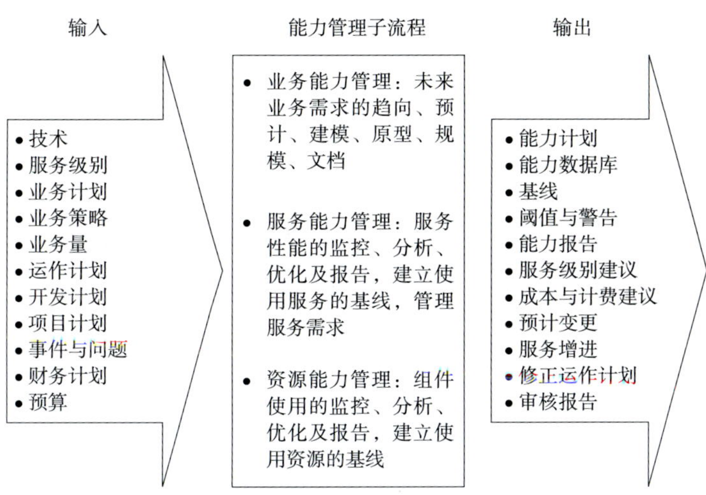

图 3-26 能力管理流程的输入、输出及主要活动

业务能力管理、服务能力管理和资源能力管理三个子流程之间的关系如下，当业务对 IT 服务的需求经过业务能力管理子流程处理并正式运作后，由服务能力管理子流程来确保该项 IT 服务的品质能够满足约定的服务级别目标的要求，而资源能力管理子流程则负责对支持 IT 服务运作的各 IT 组件的能力进行监控和评价，以确保足够的资源能力支持 IT 服务的运作，并保证现有的 IT 资源得到最佳利用。

能力管理流程的活动可以分为三类，即持续性活动、初始性活动和定期性活动。其中，持续性活动包括重复性活动、需求管理和将数据存入能力数据库(CDB)三种，这三种活动是三个子流程所共有的；初始性活动包括模拟测试和应用选型两种具体的活动，这两种活动主要在服务能力管理子流程和资源能力管理子流程中进行；定期性活动主要是指制订能力计划。这些具体的能力管理活动之间的关系如图 3-27 所示。

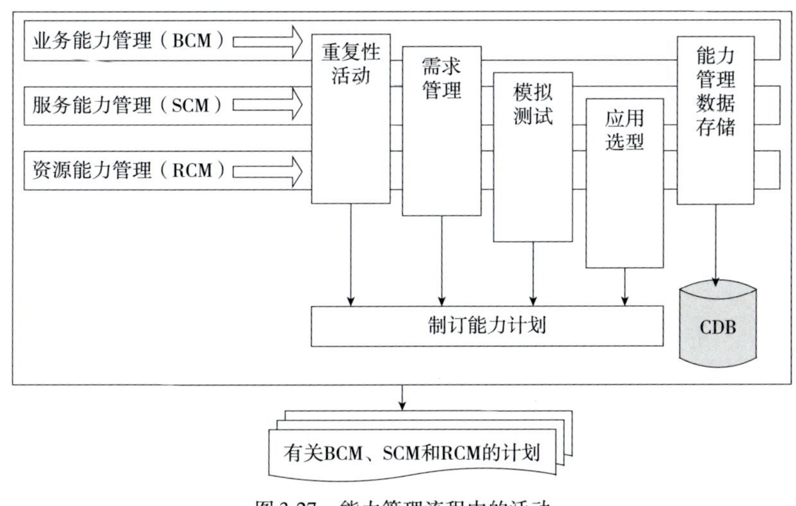

图 3-27 能力管理流程中的活动

4)能力管理和其他流程间关系

能力管理流程的运作离不开其他服务管理流程的支持，同时能力管理也为其他服务管理流程提供必要的支持。能力管理流程与其他服务管理流程具有密切的关系，如下所述：

(1)与事件管理的关系

事件管理为能力管理提供由于能力问题而导致的事故的信息，而能力管理则可以为事件管理诊断或解决有关能力问题提供基础信息。

(2)与问题管理的关系

能力管理能消极或积极地为问题管理提供支持，能力管理的工具、信息、知识和专业技能可以对问题管理的不同阶段提供支持。

(3)与变更管理的关系

能力管理是变更顾问委员会(CAB)的一部分职能。能力管理能够为变更管理提有关能力需求以及某项变更对服务提供可能产生的影响等信息。变更管理可以为制订能力计划提供有关的变更信息，而能力管理在制订能力计划的过程中也可以提出变更请求。

(4)与配置管理的关系

CDB 与 CMDB 有着密切的联系，由配置管理提供的信息对于建立一个有效的能力管理数据库是非常重要的。

(5)与发布管理的关系

能力管理可以为发布管理制订发布计划提供支持。

(6)与服务级别管理的关系

能力管理为服务级别管理提供服务级别可行性方面的建议。另外，能力管理需要评价和监控服务品质，从而为核对以及必要时变更约定的服务级别目标提供信息。

(7)与 IT 服务财务管理的关系

能力管理可以为投资预算、成本效益分析以及投资决策提供支持，还可以为与能力相关的服务收费提供相关信息。

(8)与 IT 服务持续性管理的关系

能力管理为灾难发生后维持某项服务确定了所需要的最低能力标准。IT 服务持续性管理的能力需求应当经常评审，以确保这种能力需求能够符合不断变化的运作环境的要求。

(9)与可用性管理的关系

能力管理和可用性管理是密切相关的。服务品质和能力问题都可能对 IT 服务产生很大的影响。事实上，客户一般会认为很差的服务品质与服务不可用没有什么分别。由于存在很大的相互依赖性，对这两个流程必须进行有效的协调。能力管理和可用性管理都使用了很多同样的工具和技巧，如组件故障分析(CFIA)、故障树分析(FTA)等。

5)关键指标

能力管理流程的成功程度可由以下关键绩效指标来确定：

(1)客户需求的可预见性

对工作量随时间发展和变化的趋势的确认，以及能力计划的准确性。

(2)技术

评价所有 IT 服务绩效的工具、实施新技术的速度以及在使用旧技术的情况下仍然可以持续地实现服务级别协议中所确定的目标的能力。

(3)成本

临时性或随意性采购次数的减少、采购不必要或过于昂贵的次数的减少，以及在更早的阶段制订投资计划。

(4)运营

由于绩效和能力方面的问题而导致的事件次数的减少、在任何时候都能满足客户需求的能力以及能力管理流程被严格采纳的程度。

3.3.11 IT服务持续性管理

在当今以服务导向和客户中心的业务环境下，维持IT服务的持续运作对于实现组织目标具有重要意义，尤其是在发生灾难情况下，如何保证IT服务运作的持续性是IT服务管理人员需要特别关注的问题。

1)基本概念

(1)IT服务持续性管理

IT服务持续性管理(IT Service Continuity Management，ITSCM)是指发生灾难后有足够的技术、财务和管理资源来确保IT服务持续性的流程。IT服务持续性管理包括灾难恢复设施的需求分析、灾难恢复计划的制订、计划的更新、测试的执行以及必要时进行实际的灾难恢复等方面。

IT服务持续性管理是组织业务持续性计划的一个组成部分。业务持续性管理流程主要侧重于将风险降低至合理水平以及在业务中断发生以后进行业务流程恢复两个方面，而IT服务持续性管理主要侧重于IT基础架构的技术方面。

(2)灾难

灾难(Disaster)是指严重影响系统运行甚至导致系统停止运行的外来事故，如地震、火灾、水灾、失窃、恐怖袭击、网络恶意攻击、大范围电力中断等。

(3)业务影响分析

业务影响分析(Business Impact Analysis)是指对关键业务流程以及由于这些流程中断而可能对组织造成的损害或损失进行确认的管理活动。

2)IT服务持续性管理目标

IT服务持续性管理的目标是通过确保服务运营所需的IT技术和服务设施(包括计算机系统、网络系统、应用系统、通信系统、技术支持和服务台)，能够在要求和约定的时间期限内得到恢复，从而为总体的业务持续性管理提供支持。

3)IT服务持续性管理流程

IT服务持续性管理是总体业务持续性管理流程的一个部分。IT服务持续性计划一般也融合在业务持续性计划中，因此，IT服务持续性管理的实施和运作必须紧密结合业务持续性管理所确定的业务持续性周期(Business Continuity Lifecycle)进行。按照业务持续性周期实施的IT服务持续性管理的流程如图3-28所示。

IT服务持续性管理流程的主要活动如下：

(1)明确IT服务持续性管理的范围

在正式实施和运作IT服务持续性管理之前，必须先明确IT服务持续性管理的范围等。此外，对于持续性经理和其他支持人员的职责以及工作方法、保险需求、质量标准、安全管理标准、风险管理原则和方法以及业务影响分析的原则和方法等问题，也需要作出明确的定义。

(2)业务影响分析

决定IT服务持续性管理需求的关键因素是当灾难发生或其他服务中断时组织能承受的灾难损失程度和损失扩散速度。业务影响分析有助于实施风险评估，从而明确哪些地方需要重点实施IT服务持续性管理。

(3)风险评估

风险评估可以帮助识别IT服务运作中存在的薄弱环节(Vulnerabilities)和潜在的威胁(Threats)，避

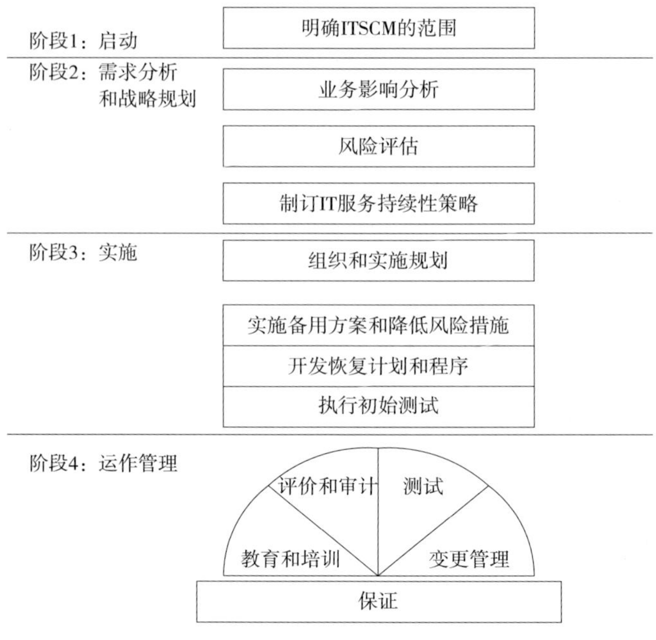

图 3-28　IT 服务持续性管理流程

免业务中断的发生。风险评估可分为风险分析和风险管理两个环节。

(4)制订 IT 服务持续性策略

制订 IT 服务持续性策略应在风险降低措施的成本与恢复方案的选择之间寻求平衡点，以确保以最低的成本将 IT 服务运作的风险控制在最低可接受水平。IT 服务持续性策略的具体内容包括风险降低措施的制订和恢复方案的选择。

(5)组织和实施规划

组织和实施规划主要包括以下活动：组织结构安排、制订实施计划、实施风险降低措施、准备备用方案、制订 IT 服务持续性管理计划、设计恢复实施计划和程序、进行初始测试等。

(6)运作管理活动

在完成 IT 服务持续性计划和实施后，IT 服务持续性管理流程进入日程运作管理阶段。在此阶段需要进行以下活动：对 IT 支持人员和业务人员进行业务持续性和服务持续性方面的意识培养、对 IT 服务持续性管理程序进行定期评审、对 IT 服务持续性管理流程进行定期测试、配合变更管理实施日常变更以及争取高层管理人员对 IT 服务持续性管理流程运作的质量的认可和保证。

4)IT 服务持续性管理和其他流程间关系

IT 服务持续性管理与其他的服务管理流程的关系可说明如下：

(1)与服务级别管理的关系

服务级别为 IT 服务持续性管理提供有关 IT 服务责任方面的信息，而 IT 服务持续性管理通过制定预防措施和实施紧急恢复计划可以提高实际的服务级别。

(2)与可用性管理的关系

IT 服务持续性管理通过增强 IT 基础架构的恢复能力和容错能力提高 IT 服务的可用性级别。

(3)与配置管理的关系

配置管理在灾难发生时为 IT 服务持续性管理提供有关基准配置和 IT 基础架构方面的信息，从而支持 IT 服务持续性管理实施灾难恢复方案。

(4)与能力管理的关系

能力管理通过为业务需求配备足够的资源能力改进 IT 服务的持续运作。

(5)与变更管理的关系

变更管理通过定期评审确保持续性计划的通用性和准确性。

5)关键指标

衡量IT服务持续性管理的关键绩效指标包括：

①可以识别出的恢复计划中存在的错误数量。

②灾难所导致的收入损失。

③实施IT服务持续性管理流程的成本。

3.3.12 可用性管理

随着IT技术的不断进步，组织的IT基础设施的可用性和可靠性得到了不断的提高，硬件和软件设计中容错和纠错技术的采用也大大降低了IT组件出现故障的风险。但与此同时，随着技术的更新和发展，组织所采用的硬件和软件资源也日益庞杂，组织业务对IT基础设施和相关技术的依赖性也越来越大。因此，加强对IT基础设施及相关技术的可用性管理是组织业务正常运营的有力保障。

1)基本概念

可用性管理(Availability Management)是有关设计、实施、监控、评价和报告IT服务的可用性，以确保持续地满足业务的可用性需求的服务管理流程。

可用性(Availability)是指一个组件或一种服务在设定的某个时刻或某段时间内发挥其应有功能的能力。它通常以可用率来表示，即在约定的服务时段内，客户实际能够使用的服务的时间比例。

与可用性相关的概念有可靠性(Reliability)、可维护性(Maintainability)、安全性(Security)和可服务性(Serviceability)。

①可靠性是指IT基础架构可以无间断运作的能力，它主要取决于单个IT组件的可靠性和IT基础架构的整体恢复能力。

②可维护性是指IT基础架构在出现故障后能够被迅速恢复的能力。

③安全性是指于某项服务相关的数据的保密性、完整性和可用性。

④可服务性是指组织内部IT服务提供方与外部第三方供应商之间的合同履行能力。

2)可用性管理目标

可用性管理流程的目的是经济高效地保证所交付的服务可用性级别满足当前和未来的业务需求。可用性管理着眼于所有服务和资源的可用性相关问题，其具体目标如下：

①生成并维护最新可用性计划。

②管理与服务和资源有关的可用性性能，确保服务可用性均达到或超过所有约定的目标。

③帮助诊断和解决与可用性有关的故障和问题。

④评估所有变更对可用性计划以及所有服务和资源的性能和容量的影响。

⑤前期采用经济高效的主动性措施提高服务可用性。

⑥优化IT基础设施的可用性并为改进服务绩效提供建议。

⑦减少某段时间内事故对IT可用性影响的频度和持续时间。

⑧确保IT可用性方面的问题在产生故障前被发现并采取适当的行动。

⑨通过制订和维护一个前瞻性的可用性计划来提高IT服务和IT基础设施组件的总体可用性，从而确保当前和未来的可用性需求都能够实现。

3)可用性管理流程

可用性管理流程是一个持续性的服务管理流程，它涉及IT基础架构的设计、实施、评价和控制等过程。只要组织的IT服务没有终止，可用性管理流程就必须维持运营。在可用性管理流程的运营过程中需要进行的主要活动如下：

(1)可用性需求分析

在服务级别需求(SLR)和服务级别协议被确定和接受之前，需要对业务可用性需求进行分析，以确定 IT 基础架构是否可以以及怎样提供必要的可用性级别。

(2)可用性设计

可用性管理中的设计活动包括可用性设计和恢复方案设计两个方面。前者涉及活动的积极方面，其主要目的是通过合理的设计和安排避免 IT 服务可用性故障的发生；后者涉及活动的消极方面，主要目的在于尽量减少 IT 服务故障对业务和客户的影响。

可用性设计主要负责 IT 基础架构的技术设计以及实现内部和外部供应方的有效整合，以满足 IT 服务的可用性需求。

可用性需求分析、设计及其应用的具体流程如图 3-29 所示。

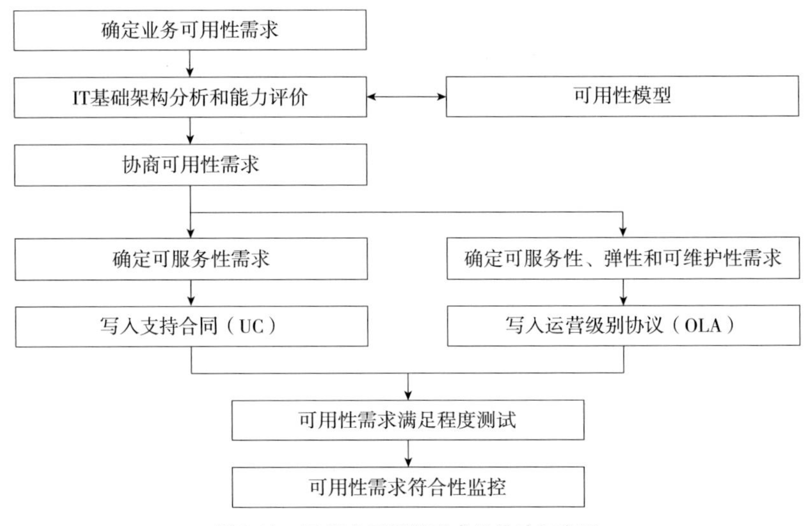

图 3-29　IT 服务可用性需求的设计和应用

(3)恢复方案设计

恢复方案设计的目的在于确保 IT 服务故障发生后，IT 服务能在最短的时间内得以恢复，以使正常的业务运营继续进行。

(4)安全性考虑

可用性管理流程主要关注所有 IT 服务组件及其相关数据的可用性。因此，可用性管理与安全管理是紧密相关的，可用性本身也是安全性的一个重要方面。在考虑组件的安全性时，主要应当着眼于保密性、完整性和可用性三个方面。

(5)编制可用性计划

为有效地实施有关可用性管理活动以改进 IT 组件及服务的可用性，必须制订明确的可用性计划。

(6)可用性改进

在可用性管理流程的运营过程中，为了在既定的成本约束范围内进一步提高服务的可用性，必须进行积极的可用性改进活动。

(7)评价和报告

对可用性管理流程的运营情况进行评价和报告是核实服务协议、解决服务问题和提出改进建议的基础。

评价和报告可用性管理流程的运营情况需要结合“事故周期”来进行。通常一个“事故周期”包括事故发生、事故检测、作出反应、进行维修和服务恢复五个环节。以上每个环节所占用的时间都会影响到整个系统的停机故障时间。图 3-30 展示了系统事件生命周期中的每个阶段及其所耗用时间长短之间的关系对整个系统停机时间和 IT 服务可用性产生的影响。

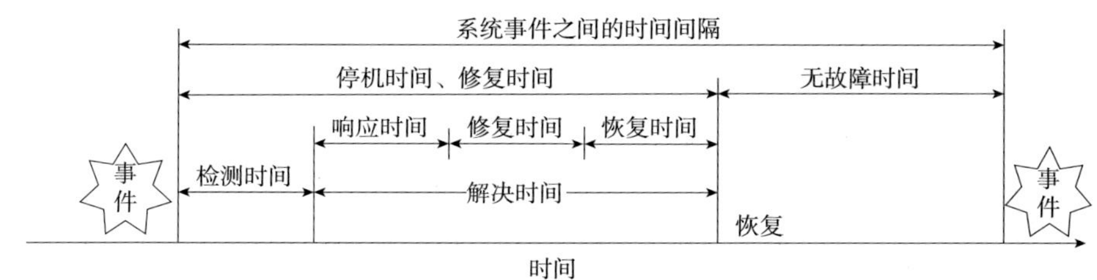

图 3-30　系统事件间隔时长图示

4)可用性管理和其他流程间关系

可用性管理流程在运作过程中与其他流程具有密切的联系。

(1)与服务级别管理的关系

可用性是服务级别协议中要重点考虑的 IT 服务指标。可用性管理通过对业务可用性需求的分析，可以明确服务可用性目标，从而便于服务级别协议协商和签订服务级别协议。同时，可用性对服务可用性进行监控和报告也有助于服务可用性级别的提高。服务级别管理所确定的服务级别目标和 IT 服务需求是可用性管理流程确定可用性需求和可用性目标的基础。

(2)与配置管理的关系

可用性管理需要根据配置管理数据库提供的信息对 IT 基础架构的可用性进行监控和评价。配置管理则负责存储有关 IT 基础架构可用性的信息并进行更新。

(3)与能力管理的关系

IT 基础架构的服务能力在很大程度上决定了 IT 服务的可用性。可用性管理需要根据能力管理提供的数据进行 IT 基础架构的可用性设计。

(4)与 IT 服务持续性管理的关系

IT 服务的可用性和持续性具有很大的相关性。为增强 IT 服务可用性而采取的措施也同时增强了 IT 服务的持续性。可用性管理负责对 IT 基础架构及 IT 服务运作的进行可用性监控，而 IT 服务持续性管理主要着眼于重大灾难的恢复。IT 服务持续性管理可以为可用性管理提供有关关键业务流程的信息。

(5)与问题管理的关系

问题管理可以为可用性管理设计和监控 IT 基础架构和 IT 服务的可用性提供有益的建议，问题管理提出的应急措施或解决方案也会直接或间接影响 IT 服务的可用性。

(6)与事件管理的关系

事件管理提供的事故信息可作为可用性管理分析 IT 基础架构和 IT 服务可用性的重要数据来源。可用性管理通过提出合理的可用性解决方案，减少了事件的发生。

(7)与变更管理的关系

可用性管理可向变更管理发出有关能力问题的变更请求，通过实施变更提高 IT 基础架构和 IT 服务的可用性。变更管理在实施变更时应当通知可用性管理对变更组件或服务的可用性进行重点监控。

5)关键指标

可用性管理流程中常用的关键绩效指标主要包括以下方面：

①服务和组件的可靠性比例提高。

②服务的总体端到端可用性比例提高。

③增加平均无故障时间(MTBF)、平均系统故障间隔时间(MTBSI)。

④减少平均服务恢复时间(MTRS)。

⑤服务的不可用比例减少。

⑥由于 IT 不可用，业务部门加班费用的比例减少。

⑦关键时间的故障比例减少，例如，计划具体的业务高峰和可用性需要优先级。

⑧对服务满意的业务部门和用户的比例增加。

⑨不可用的成本比例减少。

⑩服务交付成本所占比重减少。

⑪及时完成定期的风险分析和系统审查。

⑫及时完成为基础设施组件故障影响分析(CFIA)制定的定期成本效益分析。

⑬第三方在 MTRS/MTBF 方面成功达到合同目标这种情况所占比重增加。

⑭完成风险分析所用的时间减少。

⑮审查系统恢复能力所用的时间减少。

⑯完成可用性计划所用的时间减少。

4

运维服务管理体系

本章首先介绍了IT运维管理的狭义和广义含义，特别是辨析了传统IT运维管理和IT服务管理之间的区别和联系；其次介绍了IT运维服务的基本管理对象、服务的组成内容、质量指标、支撑能力和管理能力；介绍了运维工作的评估体系，包括评估框架和方法的选择、业务流程评估方法、服务评估方法以及信息安全需求评估方法等。最后基于实践，梳理了现阶段IT运维管理系统的特征、一般框架、对业务的考虑、建设策略等问题，以便于了解IT运维管理系统现状。

4.1 传统IT运维管理与IT服务管理

鉴于目前传统IT运维管理与IT服务管理经常被混淆的现状，以下从管理概念、管理层次、管理思路和管理目标四方面比较传统IT运维管理与IT服务管理之间的关系，以便于进一步理解现阶段所提IT运维服务和IT运维管理系统。

1)管理概念

传统IT运维管理的概念是从网络管理的概念延伸而来。运维工作的对象是信息系统，运维管理也是围绕如何保障信息系统有效稳定的运行这一核心目标。运维人员所关心的是系统；而用户并不关心系统，不关心设备的运行状态、故障以及故障原因，他们所关心的是这些设备、系统所支撑的业务是否能够满足顺利完成工作的需要。因此，在传统运维管理中，运维人员和用户在对待同一事物(运行服务)上的关注点不同，对运维人员来说做好技术管理仅仅是必要条件。

而实施IT服务管理的核心要素是将IT与业务粘合起来，弥合了运维人员和用户在认知上的这个距离。在IT服务提供商的眼中，很多具体的运维工作是可以通过第三方分包来完成的，尽管系统运维是一个基础工作，但并不是IT服务管理的核心。IT服务管理通过过程管理规范IT服务的活动，使得服务定义客户化、职责清晰化、流程标准化、交付可量化、手段科学化，从而持续改进服务水平，不断提升服务质量，充分体现服务价值。在通过IT服务管理的应用实践之后，形成了一套完整的、具备自我完善的、持续改进的、具有内在的自我驱动力的体系。

因此从概念上可以看出，传统的IT运维管理是IT服务管理的前提。IT运维管理可以充分保证IT服务的健康性和稳定性，而在这个前提下，IT服务管理将这些IT服务进行了明确划分，通过流程化的管理方式，让IT资源为企业的业务提供高效的IT服务并创造价值。在IT服务管理框架的指导下，IT服务企业和组织也可根据实际需要进行裁减，针对自身某个或某些问题选取相应流程和指导方法予以解决或改进。

2)管理层次

传统IT运维管理通过各种方式和协议，从IT基础设施、应用服务和业务系统当中获取相关数据，关注数据获取的实时性、关联性和差异性，进而反映IT资源的运行情况。因此可以说传统IT运维管理是ITIL的底层基础，它的更多工作是处在底层的数据获取上。

实施IT服务管理则要求对IT服务进行流程化管理，它的工作更多的是对IT服务的流程处理。IT服务管理不关心底层数据是如何获取、如何整合、如何调用，它关注如何将IT服务产品进行流程化管理以及每一个流程应该如何考虑等。

从管理层次上同样可以看出，传统IT运维管理是IT服务管理的基础，仅完成底层获取工作，而IT服务管理则是从事上层流程的管理工作。事实证明，只有通过IT运维管理将IT资源的底层数据获取完整，才能保证IT服务管理流程化管理的有效性，才能确保流程是有意义的。

3)管理思路

传统的运维管理是以IT资源为目标核心，将IT管理流程化。在实际管理工作中，按照一定的步骤展开。例如：先要实现对IT资源的直观呈现(发现目标)，然后对IT资源进行清晰分类(目标分类)，其次是对IT资源的实时监控(监控目标)，再次是对IT资源的告警管理(主动告警)，最后是将IT资源的运行情况形成报表(性能报表)。

IT 服务管理旨在给企业外部建立完整的服务管理体系，借助流程及工具规范企业与客户之间的界面，帮助 IT 部门实现从 IT 服务到客户的有效整合。IT 业务服务中心以服务目录为基础，围绕其构建服务门户、服务需求管理、服务发布管理、关系管理、供应商管理、财务管理、服务组合管理等流程，最终指导企业赢得市场和客户，实现最佳服务投资回报。

从管理思路可以看出，两者的管理方向和对象均不相同。传统 IT 运维管理思路是以 IT 资源为管理对象，对其日常运维工作中的状态所进行的维护管理工作。而 IT 服务管理的管理思路是以 IT 服务为管理对象，对 IT 服务的流程进行管理工作。换句话说，前者是对 IT 资源中各个 IT 元素的数据获取和管理，后者是对 IT 资源提供的 IT 服务进行流程化的管理。

4)管理目标

传统 IT 运维管理是对 IT 资源的运行维护阶段的管理，以保障 IT 系统的稳定运行为核心，并为 IT 服务的健康性和稳定性负责，最终为业务系统提供稳定运行的前提。

而 IT 服务管理则是围绕 IT 服务这一核心，对 IT 服务管理所涉及的人员实践、流程实践和技术实践进行优化整合，在企业内部建立科学完善的 IT 服务管理体系，高效利用现有资源的同时，进一步走向最终客户和业务部分，改善客户体验，实现 IT 提升客户价值、IT 驱动业务发展的最终目标。

从管理目标可以看出，虽然本质上都是为业务服务的，但实际上两者的目标不尽相同。IT 运维管理的目标是为业务系统的稳定运行提供前提和保障，而 IT 服务管理的目标是为业务系统提供各种优质的 IT 服务。同时，两者所面向的主要部门也有所不同。IT 运维管理主要面向 IT 部门，为 IT 资源的管理负责。而 IT 服务管理则是面向业务部门，要为 IT 服务的健康性和稳定性负责。

我们可以看出传统 IT 运维管理是搭建 ITIL 框架的底层基础，同样是 IT 服务管理的基础。换句话说，IT 运维管理是一切遵循 ITIL 框架设计管理思路和产品的前提和基础。

4.2 IT 运维服务

4.2.1 基本管理对象

IT 运维服务的提供离不开以下 IT 运维基本对象，包括 IT 资源、业务系统和用户。具体内容如下：

①IT 资源包括网络、主机系统、存储/备份系统、终端系统、安全系统以及机房动力环境等。

②IT 业务系统包括内部办公系统、网站、面向企业和组织的各类应用系统、面向公众的应用系统等。

③IT 用户包括使用如上 IT 应用系统的用户，还包括了 IT 基础设施和应用系统的供应商、IT 运维服务的供应商以及内部参与 IT 运维活动的相关部门和人员等。有时可以将用户分为操作层、管理层和决策层。

4.2.2 组成内容

从软件即服务理念出发，IT 运维服务的提供者基于 SLA 向 IT 运维服务的使用者提供的各类 IT 运维服务包括 IT 基础设施运维服务、IT 应用系统运维服务、安全管理服务、网络接入服务、内容信息服务和综合管理服务等。

1)IT 基础设施运维服务

IT 基础设施运维服务对 IT 基础设施进行监视、日常维护和维修保障。服务涉及的基础设施包括网络系统、主机系统、存储/备份系统、终端系统、安全系统、机房动力及环境等。

2)IT 应用系统运维服务

应用系统运维服务对应用系统进行设计、集成、维护及改进。应用系统运维服务涉及的应用系统包括 OA 及内部办公系统、政府网站、面向企业和组织的应用系统、面向公众的应用系统以及城市管理类应用系统等。

3)安全管理服务

安全管理服务对 IT 环境涉及的网络、应用系统、终端、内容信息的安全进行管理，包括安全评估、安全保护、安全监控、安全响应及安全预警等服务。

4)网络接入服务

网络接入服务提供网络规划和接入，包括互联网接入服务、专网接入服务等。

5)内容信息服务

内容信息服务对内容信息进行采集、发布、巡检、统计、编辑、信息挖掘以及汇报，为内容信息的获取和进一步处理提供支持。

6)综合管理服务

综合管理服务包括咨询与培训服务、技术支持服务、综合系统服务等。

4.2.3 质量指标

服务质量指标要根据各部门的需求可定制、可扩充。各类 IT 运维服务的质量指标通常包括但不限于：

(1)IT 基础设施和应用系统运维服务

包括监控类服务、日常维护类服务及维修保障类服务。

①监控类服务：异常报告及时率、异常漏报率。

②日常维护类服务：维护作业计划的及时完成率、故障隐患发现率、异常主动发现率、故障服务请求及时满足率、业务服务请求及时满足率、问题解决率等。

③维修保障类服务：服务响应及时率、到达现场及时率、故障修复及时率。

(2)安全管理服务

包括漏洞扫描覆盖率、安全报告呈报及时率、安全漏洞遗漏数量、安全漏洞遗漏率、加固设备覆盖率、安全补丁安装及时率、安全事件次数等。

(3)网络接入服务

包括平均响应时间、问题解决比率等。

(4)内容信息服务

包括检索成功率、响应及时率等。

(5)综合管理服务

包括平均响应时间、问题解决比率等。

4.2.4 支撑能力

IT 运维服务支撑能力体现为部门承担自运维工作时自身所具备的 IT 基础设施和 IT 应用系统的运行维护技术、工具和方法的储备，并以此为基础对部门内各类运维服务用户所提供的支撑能力。一般情况下，这些能力主要体现在资产管理能力、监控管理能力和安全管理能力等方面。

4.2.5 管理能力

IT 运维服务管理能力着重体现为对部门内部具备的运维服务和采购的外包运维服务的管理能力。一般情况下，这些能力主要体现在流程管理能力、综合管理能力和外包管理能力等方面。

相关能力的详细内容如下：

①资产管理能力：主要体现在对资产管理信息的覆盖程度和管理信息分析能力。

②监控管理能力：主要体现在对被监控实体的覆盖程度、管理信息的实时处理能力和智能化分析能力。

③安全管理能力：主要体现在对不同安全管理内容和范围的支持能力。

④流程管理能力：主要体现在流程的覆盖程度和规范性。

⑤综合管理能力：主要体现在信息分析统计能力和决策支持能力。

⑥外包管理能力：主要体现在对外包服务的过程控制和结果控制能力。

4.3 IT 运维服务管理系统

4.3.1 目前特征

在 IT 管理范围及规模扩大、管理程度加深、管理流程复杂的情况下，建立 IT 运维服务系统十分必要，可以在统一资源管理的同时提升各个业务系统的运维效率，满足不同层面用户的管理需要。

目前，IT 运维服务系统一般是将全域集中监控、智能统计分析融合在一起的专业体系，融入了 ITIL 理念，聚焦于 IT 服务管理，克服了基础架构监控、服务管理、业务管理的人为分割化管理，更好地诠释了 ITIL 从技术到业务的层次化管理理念。

运维服务系统通过直观的事前管理呈现、先进的根源因定位和智能联动分析，为用户 IT 管理提供全面综合管理解决方案。其提供的功能一般包括服务台、个人桌面管理、事件管理(突发故障管理)、问题管理、IT 资产配置管理、变更与发布管理、知识库等，实现了 IT 运维支撑的一体化，完整支持“以流程为导向，以客户为中心，生命周期管理”的 IT 运维服务管理目标；其服务对象为 IT 系统的高级管理者、运营系统管理者、高端决策人员，向他们传递 IT 体系的整体运行状况，提供基于 IT 服务的决策依据，高度满足“集中管理、辅助决策”的需求。

1)系统分类

在不同应用场景下，不同系统实现的功能或功能组合不同，由此，IT 运维服务系统也可划分为若干类别。例如，有的仅实现静态资产管理功能和综合统计分析功能；有的系统实现静态资产信息管理功能、支持信息化的管理流程，并具备综合统计分析和决策支持功能；而有的系统从资产、安全、监控、流程、综合统计分析和决策支持以及外包管理等方面为 IT 运维提供全方位信息化支持。

根据用户组织结构、规模以及管理体制的不同，IT 运维服务系统的具体实现和部署方式也有所不同。相应地，IT 运维服务系统可以划分为单级系统和多级系统两类。

2)一般功能目标

在充分考虑人员、流程与工具的配套发展与协调的情况下，根据 ITIL 最佳实践，运维系统可以实现以下功能目标：

①主动监控，集中管理。以应用性能监控为主线，集成现有的各类监控系统，实现从网络层到应用系统的全面集中监控，构建统一集成的系统资源监控平台，主动、及时地发现问题，解决被动服务的局面。

②建立自动化流程，实现流程驱动的业务系统运维自动化。实现日常事务性工作的流程化与自动化，并通过与监控平台的交互，对作业运行状况监控；实现业务流程集中、安全、标准化的访问控制；使用标准化步骤，强制操作合规，防止错误操作的发生。

③统计分析和决策支持。通过提供各类性能分析报表、资源统计报表和运维分析报表，从各个侧面、各个角度反映系统的运行情况、性能情况和人员工作情况，为系统升级、改造、扩容提供科学依

据，也为员工的绩效考核提供电子依据。

④针对系统日常管理，建立巡检管理(计划任务)体制，对各类巡检任务进行统一规划，并配套巡检标准，由系统自动调度巡检任务，并提供相应的监控管理界面监控、统计各类巡检任务的执行情况。

⑤通过平台完善各类登记制度，将交接班、值班表等进行平台化管理，做到能够控制的同时，也能满足检查、审计等方面的要求。

3)基本技术要求

IT 运维服务系统在实现和部署方面，应该满足以下几个方面的基本技术要求：

①对包括网络系统、主机系统、存储/备份系统、应用系统、终端系统、安全系统、机房动力及环境等资源进行集中统一管理。

②支持 ISO 20000 系列标准规定的服务思想和基于 ITIL 的流程管理原则。

③系统结构清晰，能够采用层次化、模块化的设计理念，各功能模块功能独立且松耦合，而系统整体功能完备，便于用户根据需求自由组合。

④具有较强的开放性和扩展性，通过插件体系和数据交换接口，可平滑地扩展系统功能并与第三方产品进行集成。

⑤能支持各类通用的硬件和操作系统平台。

⑥可对管理信息进行综合展现，可以根据用户需求配置定制个性化业务窗口，可支持定制化二次开发。

⑦满足系统使用过程中容量和效率的要求。

4.3.2 一般框架

IT 综合运维管理系统架构建设应该包含以下三方面内容：

①资源监控与操作管理体系：面向资源，以统一资源配置数据库为基础，建设面向被管理资源的监控管理与操作自动化管理体系。

②服务流程与安全管理体系：面向制度，以统一资源配置数据库为基础，以制度为依据，以 ITIL 为指导，建设面向服务的运维流程和安全管理体系。

③数据综合分析体系：面向管理者，以统一资源配置数据库为基础，对上述两个层面的数据进行分析挖掘，建设辅助运营决策的数据综合分析体系。

在实际的运维管理系统建设过程中，建成一个在组织、技术、流程、规范和制度五个方面都完整的 IT 运维服务系统需要循序渐进完成，可以以上述目标架构为基础，结合实际运维管理现状分步建设，直至最终达成运维管理目标架构。

运维管理体系的主体由服务台、服务支持流程和服务持续与改进三部分组成，其内容既相对独立又相互关联，一般框架如图 4-1 所示。

服务台针对用户进行管理，对用户的咨询和需求进行统一处理，为服务支持流程提供服务。实际上，服务台扮演和用户交流的角色，主要负责接收和管理用户的咨询和服务请求，第一时间了解用户反映的问题并准确记录，为后期的问题处理和事件处理的快速准确打下基础。

服务支持流程作为运维工作的核心，一方面以日常运维中的服务运营和服务转移为抓手，通过相关服务流程和支持工具为用户提供服务，快速响应用户需求；另一方面从服务设计出发，通过工具的支撑和管理流程的控制，提高系统的可用性、系统和数据的安全性以及服务的持续性。通过这些标准化流程的约束，避免运维阶段的混乱局面，使工作人员的工作有理可依。同时这些流程也并非是割裂的部分，而是共同组成一个整体的服务支持流程体系。服务运营和服务转移对用户进行快速响应，解决在运营状态中出现的各种问题，及时准确地进行处理。服务设计是系统正常稳定运行的基础，保证系统和信息的安全性。

服务持续改进，通过对服务支持流程体系中的问题进行阶段性的总结和分析，以及对用户的系统使用情况的调查和整理，发现运维工作中存在的问题并及时进行调整，实现对运维工作的持续改进。

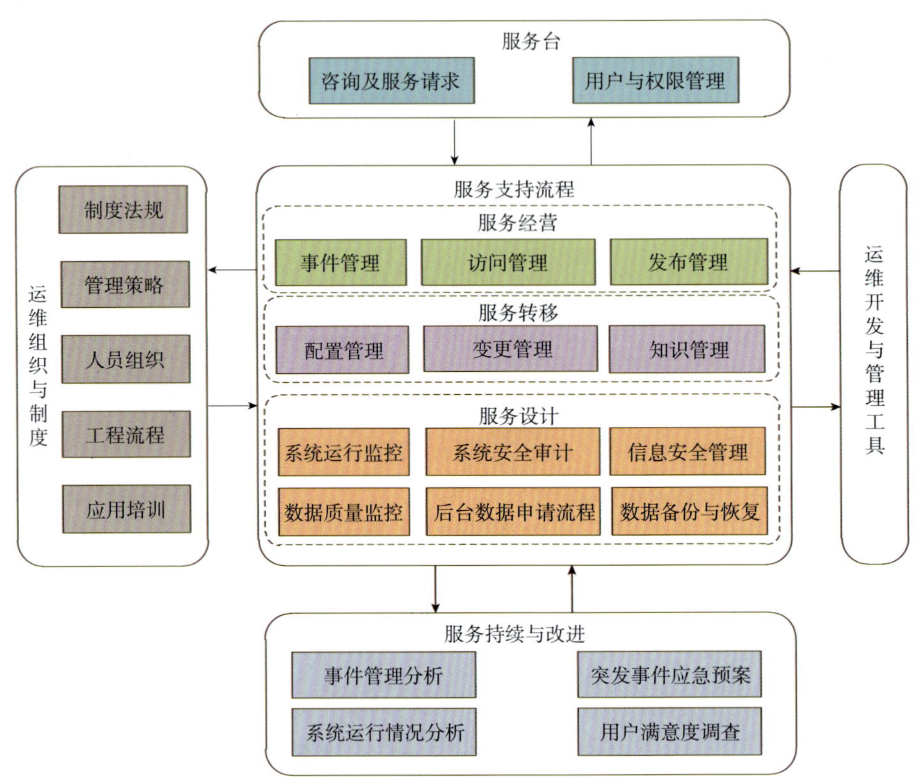

图 4-1　IT 运维服务管理体系一般框架

在运维管理体系的主体之外，运维组织与制度和运维开发与管理工具也是贯穿在运维管理过程中的不可或缺的部分，是高效开展运维工作的基础。在实践中，制定一系列对运维的标准化工作进行指导的制度会使得运维工作有理可依、有条不紊地进行。此外，通过对各类系统管理工具和开发工具的不断调查和使用，也找出一套适用于自身情况的 IT 工具，使得开发和管理工作事半功倍。

4.3.3　对业务的考虑

目前，大型企业一般具有繁多的业务系统，涉及众多的业务功能与应用逻辑。业务系统之间接口复杂、异构共存、不断增加，导致运维工作量增大，管理复杂程度增高，运维成本攀升等一系列问题。因此，IT 运维管理系统需要以用户为核心，以业务为主线，从业务、功能、应用服务、逻辑到平台类设备进行关联分析及管理，构建多种业务分析模型，把业务服务各层的可用性、性能状态与底层 IT 基础平台关联起来，从而提供一个以业务为中心的 IT 运维管理平台。

以业务为中心的运维管理平台，实际是将 IT 对业务的价值可视化，从业务视角透视 IT 投资分布和价值收益；其次是将 IT 基础架构及相关应用有效量化，并映射到其支持的业务上，直观反映 IT 基础设施的动态变化对业务造成的影响和威胁，帮助管理者实现 IT 的精细化管理，准确衡量 IT 对业务的价值贡献，有力保障业务的健康、稳定运行。

一般来讲，根据 ITIL 相关管理模型及方法，结合业务系统、IT 资源现状、管理组织架构，需要建立业务支撑模型和业务过程模型。

(1) 业务支撑模型

业务支撑模型主要指以业务系统为维度，逐层追溯到 IT 基础架构层，发现影响业务的根本原因。

同样，收集来自底层 IT 系统架构的事件，如主机、网络、数据库、中间件、存储的事件，向上判断 IT 系统架构事件对哪些业务产生影响。业务系统支撑模型包括四个层面：用户层、服务层、应用层及数据层，实现从数据采集、数据生成到数据应用全过程的透明管理。

用户层主要包括局域网用户和 Internet 用户，通过专网或者 VPN 对企业中心业务系统进行访问；服务层主要包括一级防火墙 DMZ 区、Web 集群、应用负载均衡、外联网汇聚交换机等；应用层主要包括二级防火墙、应用集群、中间件等；数据层主要包括数据库集群、存储系统、备份系统等。

(2)业务过程模型

业务过程模型主要面向操作层用户。业务过程模型从业务系统维度，帮助技术人员逐层梳理业务过程，发现影响业务过程的根本原因。同样，该模型也可以收集来自底层逻辑系统架构的事件，如数据库对象、进程、应用服务等事件，向上判断逻辑事件对哪些业务产生影响。

业务过程模型包括四个层面：业务层、应用层、逻辑层和物理层，实现业务系统、业务功能、应用服务、逻辑实体、物理设施的全透明管理。业务层包含业务系统、业务功能等；应用层包含应用服务、函数等；逻辑层包含数据库对象、中间件服务等，物理层包含数据库、中间件、服务器等。

通过业务支撑模型和业务过程模型，建立了业务与软硬件设施之间的精细化联系，能够为运维系统建立明确的业务目标，有助于业务人员参与运维管理，实现故障的准确预警和快速定位，帮助各部门围绕业务建立起各自的运维标准和规范。

4.3.4 活动角色

IT 运维服务活动角色是指从事 IT 运维活动的所有单位、部门或者具体工作人员，主要涉及三类角色：IT 运维服务提供者、IT 运维服务使用者以及 IT 运维服务管理者。

(1)IT 运维服务提供者

在自运维模式下，运维部门作为 IT 运维服务提供者负责为本单位提供 IT 运维服务，IT 运维部门可借助或不借助 IT 运维服务支撑系统对 IT 基础设施、IT 应用系统、IT 用户和 IT 供应商实施管理。该模式下，IT 运维管理部门负责对 IT 运维服务的设计、评估和改进。

在完全外包的运维模式下，IT 运维服务供应商作为 IT 运维服务提供者，遵照其与购买服务的 IT 运维管理部门签订的服务级别协议提供 IT 运维服务。IT 运维服务供应商可借助或不借助 IT 运维服务支撑系统对 IT 基础设施、IT 应用系统、IT 用户和 IT 供应商实施管理。IT 运维服务供应商负责所承担的 IT 运维服务的设计、实施、评估和改进。该模式下，IT 运维管理部门作为 IT 运维管理者负责对 IT 运维服务的选择、使用和评估。

在混合运维模式下，IT 运维服务供应商的职责与完全外包运维模式下相同，IT 部门则综合了 IT 运维部门和 IT 运维管理部门的职责。

(2)IT 运维服务使用者

在各种运维模式下，IT 运维部门和 IT 用户都是 IT 运维服务的使用者。IT 运维服务的使用者利用 IT 运维管理系统中先进、高效的 IT 运维管理工具，实时监控各系统的运行状态、各设备的运行情况，通过系统间的关联分析，主动发现并解决故障，通过趋势分析，寻找潜在故障，防患于未然。

决策层用户主要包括信息中心主任、中心副主任(业务)、中心副主任(IT 技术)，利用 IT 运维管理信息系统直接获得各级节点系统的综合信息支撑情况，为系统建设方向、资源规划方向提供决策。IT 运维管理系统能够记录并分析运维过程中发生的各种场景及解决方案，通过相关图形或报表，使决策用户了解运维工作各方面情况，以便进行宏观决策。

(3)IT 运维服务管理者

为实现以流程为导向、客户满意和服务品质为核心的 IT 运维服务管理，并适应不同运维模式下的管理需要，需采取合理、高效的 IT 运维管理组织结构。一般情况下，IT 运维管理组织由运维领导工作组和运维执行工作组构成。

领导组的负责人应由单位信息化主管领导担任，成员由业务部门和信息化部门具有决策权的领导或者代表构成。在采用外包模式的情况下，领导组还应包括 IT 运维服务供应商代表。执行组成员由单位信息化部门人员构成。在采用外包模式的情况下，执行组还应包含 IT 运维服务供应商参与运维的人员。IT 运维服务管理者通过对海量运维数据进行多视角、多维度的分析，直观展示业务、应用及系统的运行状况、发展趋势，以便为系统扩容优化、业务效率的提高提供相关依据，从而提升部门整体服务水平和质量。

值得注意的是，组织结构的构成要素与 IT 运维活动角色相对应。其中，运维领导工作组对应于 IT 运维服务管理者，运维执行工作组对应于 IT 运维服务提供者和使用者。

4.3.5 资源管理

随着企业业务发展，各类 IT 资源数量逐渐庞大、种类趋于繁杂，相关配置信息分散在各个 IT 系统中，其管理模型、命名规则等均不统一，使得配置信息的重复和遗漏情况难以避免；且多系统间共享资源数据难度很大，无法满足对 IT 资源的全生命周期管理要求，严重制约了 IT 运维管理向精细化、集约化方向发展。因此需要从资源管理维度建立统一的 IT 资源管理系统，实现全部 IT 资源集中管理，统一调度与整合。

统一资源管理实际是指在系统的展现层提供一个 IT 运维管理门户，将所有关于 IT 运维管理的事件、故障、性能、资产、配置、工单、绩效、报表等集中在一个平台进行管理。统一管理主要体现以下几个方面：

(1)网络运维管理

首先，从网络和应用的不同层次，收集与业务/服务相关的各种信息：网络设备信息、全网流量信息、服务器内存、I/O 的使用情况，甚至应用系统对资源的占用情况等；同时，内置的智能系统对收集到的信息进行综合关联分析；不同于设备厂商提供的专用管理工具；实现了对交换机、路由器、防火墙、桌面 PC 等设备的全方位管理，提供了丰富的拓扑、配置、资产、故障、性能、事件、流量、报表等网络管理功能。

其次，可自动生成网络拓扑，实时掌握网络设备的运行状态和链路的连通情况，实现网络设备、链路流量、服务器系统、PC 终端、数据库系统、应用系统、机房环境和业务系统等全面的监控和管理；提供丰富图形化视图，包括位置分布拓扑视图、分级管理拓扑视图、逻辑管理域拓扑视图等。通过故障监控和性能监控，对事件统一处理分析，对故障、性能越限和配置变更信息进行集中监控管理，重要的信息可以形成工单传递到流程管理子系统。

(2)数据流分析

网络流量分析可利用 Flow 技术，支持 NetFlow、sFlow、cFlow、J-Flow、IPFIX、NetStream 等协议，纯软件数据分析探头可以分散部署在网络不同位置，保证取数的完整性。提供网络流量监测、流量门限、协议分析、Web 上网行为审计、NetFlow 分析等功能。集流量收集、分析、报告于一体，为优化网络性能，实现带宽最佳利用以及扩容规划提供科学的依据。

(3)机房环境管理

通过 IP 网络将机房的环境和动力设备如供配电、UPS、空调、消防系统集成在统一平台上，实现供配电、UPS、空调、烟感、漏水、温湿度、门禁等统一监控。

(4)服务请求管理中心

将服务请求集中在管理中心，实际上是遵循 ITIL 的标准化流程配置灵活的流程引擎，将 IT 运维管理流程与日常信息工作管理电子化、自动化，帮助企业实现高效运维，有效提升运维质量和管理水平。通过与监控类系统对接实施，可自动获取 IT 监控事件，构建 CMDB，垂直管理 IT 基础设施的动态信息，真正实现 IT 基础架构与业务的融合。

(5)资源可视化及决策支持

IT 运维系统将 IT 对业务的价值可视化包括数据的统一分析与可视化显示两个途径，从而可以帮助企业管理者了解企业的 IT 系统和业务系统的运行状态。

在数据分析上，通过 TOPN、趋势分析报表等帮助 IT 管理者及早发现 IT 基础架构的缺陷和隐患；通过自动巡检功能做到主动预防，采用自动化手段针对核心业务系统及关键指标进行例行检查，定时产生巡检报告推送给管理者加以分析；通过事件台智能地感知异常，快速定位问题发生源，识别异常的严重程度并加以过滤，及时、准确地发出告警；结合服务请求管理中心，实现整个事件处理过程的可视化，保持良好的服务水平；提供知识管理功能，形成事件维护记录的自然积累，IT 人员可利用知识快速解决当前事件，极大提高事件的解决效率。

通过不同软件实现对 IT 设备运行状态的监控和数据收集，展示资源、应用系统、业务、用户之间的关联视图，直观反映 IT 资源的运行状况对应用系统、核心业务以及用户的影响，通过影响传递，准确反映 IT 异常可能对业务及用户造成的威胁，快速查明导致业务中断的故障源，帮助 IT 人员做出及时响应。

因此，IT 运维管理平台，统一 IT 资源管理系统为各级人员、各业务系统提供基础资源支撑服务，有助于降低运维成本，提升整体 IT 运维管理水平；统一呈现完整的 IT 运行的状况，不仅可从宏观上把握全局运行状况，同时也可从微观上获得端口内参数级的监测指标，统一展现底层网络、应用、安全、机房环境等系统的运行情况和故障情况。

4.3.6 流程管理

服务流程管理主要控制 IT 运维中的各种 IT 业务保障服务流程，使 IT 运维流程符合 ITIL 标准，并在此基础之上增加了更符合国内用户实际需求的日常运维管理流程。在目前的实践中，主要是基于事件告警中心、自动巡检和知识库来保障服务流程管理的有效性。

(1)事件告警中心

第一，事件告警中心一般将事件进行分类，精细化设定事件识别和告警规则，支持不监控时段设置，提供升级、过滤、根源分析等功能，确保准确性，避免告警洪灾。第二，事件告警中心支持动态基线功能，系统自学习产生的推荐阈值为手工设定提供参考。第三，事件告警中心通过桌面客户端、邮件、短信、IPAD 等多种方式使相关技术人员及时获知异常，快速、及时地作出响应。

(2)自动巡检

自动巡检即支持预先设定巡检任务的时间、范围、指标、频度，并将自动执行结果通过邮件方式推送巡检报告，从而降低人工成本，提高 IT 管理效率。

(3)知识库

实现知识在事件处理过程中的积累，在遇到同类事件时，可利用知识辅助参考，提高解决效率。知识库可有效提升 IT 人员的技术能力，成为 IT 组织的核心资产之一。一是为 IT 管理者提供丰富的图文报表，从 TOPN、资源、故障、趋势等多种维度进行分析，清晰呈现 IT 基础设施的性能水平及缺陷，并与业务相关联，反映资源瓶颈对业务造成的影响和威胁，帮助 IT 管理者做好投资决策和工作计划安排，合理优化资源使用，大幅度提升资源利用率。二是 IT 管理者的价值呈现可采取 FLEX 技术和 3D 引擎，例如：3D 可视化资源管理、仿真背板管理、报表统计分析、滑动式页面预览等，全方位呈现 IT 建设和管理业绩。

4.3.7 建设策略

1)系统设计目标

所设计的 IT 运维系统应能实现以下目标：将孤立的、分散的管理转变为集成的管理，将一次性、混乱的管理转变为责任明确的管理；将以前以解决出现的问题为主转变为预防为主；将被动情形转变为主动服务；将之前的从IT部门考虑转变为从业务角度考虑；由点及面，由简入繁，渐进式建设，后续持续优化；以数据为血肉、配置关系为脉络，流程为骨架建设一个自动化、标准化、可视化的为运维和业务人员服务的IT信息化中心。

IT运维管理流程体系涉及多个相互独立又彼此关联的管理流程，它的实施是一个长期而艰巨的任务，不但要面对各种各样的技术难题，更重要的是将ITIL的思想与企业文化相融合，因此ITIL的应用实际是一个管理变革活动，在变革过程中，会涉及人员的职能、思维模式、工作方式等的转换，容易使人产生误解和消极的态度。其次，ITIL作为信息部门内部管理的流程，存在许多与现有的应用管理系统以及外部系统、流程的接口整合衔接的问题，需要在流程设计和自动化等环节中逐步解决。

2)分阶段实施策略

运维管理流程体系的建设不是一次性就能够全部实现的，需要逐步实施和优化，分阶段实施策略，具体如下：

(1)咨询评估阶段

该阶段主要工作是通过对企业的IT建设和运维管理现状进行调查研究，评估企业当前的IT服务成熟度，找出运维管理存在的问题和不足，制定运维管理建设的总体目标、功能需求和实施计划等。

(2)建设实施阶段

在前期咨询评估的成果上，建设基于ITIL理念的IT运维管理系统，通过系统的建设，固化运维管理流程，本阶段主要实施ITIL中最核心的运维流程，包括服务台、服务目录、事件管理、问题管理、配置管理和知识管理等。

(3)推广提高阶段

在第二阶段的基础上，对运维流程体系进一步的深化和改进，主要实现变更管理、发布管理、服务级别管理、能力管理、可用性管理、监控系统的集成、运维KPI指标的制定。

(4)持续改进阶段

因为IT运维管理是一个不断持续满足用户需求和期望的过程，所以IT运维管理体系的建设应该是一个不断持续改进的过程，这可以应用戴明质量控制环的全生命周期的计划—实施—检查—改进(Plan-Do-Check-Act，PDCA)循环管理思想，定期地对运维流程进行分析，循序渐进地实现IT运维服务流程，提出优化和改进建议，使运维流程随着组织内外部环境的不断变化而改进，保障运维流程满足企业的最终目标，体现了对IT运维服务全过程的体系化管理。其中：

①计划(Plan)表示通过CMDB将各配置项相互关联并通过拓扑方式展现，使之一目了然。

②实施(Do)表示通过流程与表单的结合可以进行可视化修改与配置，更好地实施ITIL式运维计划。

③检查(Check)表示通过不同KPI指标规范IT运维工作量分配和绩效考核。

④改进(Improve)是所有ITIL流程的基础。

通过计划—实施—检查—改进后，不断完善IT运维流程，提升IT运维效率。整个过程如图4-2所示。

4.3.8 实施效用评价

运维系统的实施效用可以从管理效益、人员效益及整体效益三方面进行评价。

1)管理效益

管理效益包括可视化、可控化及可量化三个方面。

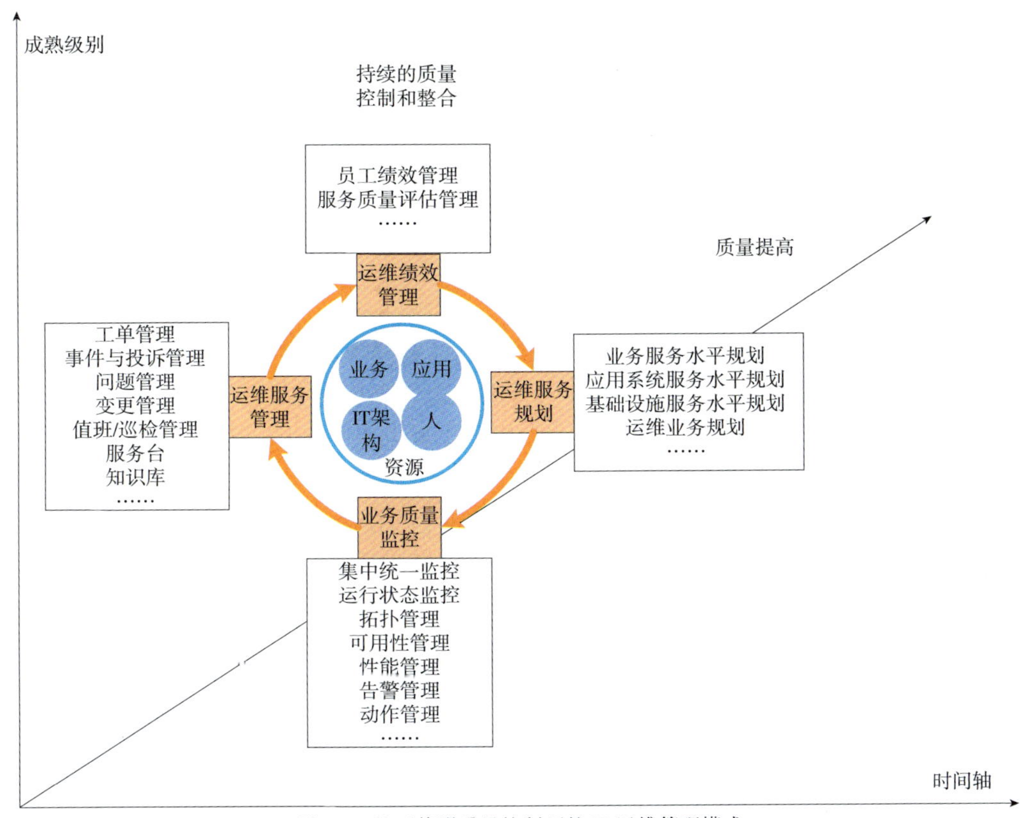

图 4-2 基于戴明质量控制环的 IT 运维管理模式

(1)可视化

能够及时准确地了解各项 IT 资源的运行情况，实现资源运行状态的可视化；梳理现有 IT 资源信息，规范运行维护工作，实现资源台账可视化、工作可视化和处理过程可视化。

(2)可控化

IT 运维管理体系和标准的建立与完善将规范运维工作，实现日常工作的合规化、标准化和制度化，实现故障、问题处理解决的智能化和高效化，保障整个运维管理工作过程可控、可管理。

(3)可量化

通过一系列的统计分析报表，能够帮助部门领导和管理人员了解各项 IT 资源的运行状况、整体 IT 系统的运行质量，能够知道运维人员的工作效率和服务质量，不但为整体 IT 系统的维护优化、改造和升级提供数据支撑，也为领导考核信息部门人员工作效率和服务水平提供参考。

2)人员效益

人员效益可从技术人员和信息部门领导两方面进行评价。

(1)技术人员

通过自动智能监测大大减轻技术人员的工作量和工作烦躁度，通过性能阈值告警、运行状态展现等手段帮助技术人员及时了解整体 IT 系统的运行情况，了解整个网络中可能存在的风险、隐患和性能瓶颈所在，及时发现、响应和解决各种异常事件，保障系统高可用性，不但减轻了工作量，还大大提高了工作效率，保障系统安全、稳定。

(2)信息部门领导

系统建设从技术和管理两方面出发，保障系统高可用性；从技术层面来说，变过去的被动“救火式”维护转为现在的主动预防式维护，从管理层面来说，规范了运行维护工作，使维护工作可控，合理安排人员，避免管理混乱，从而综合提高整个信息部门的运维管理水平，保障包括监控系统在内的各项 IT 系统的安全、稳定和高效运行，体现信息部门的价值。

3）整体效益

整体效益主要体现在以下几个方面：

①提高日常运维工作效率和服务水平。

②为领导决策提供数据支撑。

③综合提升运维管理水平。

④从技术上保障各项业务系统的运行质量。

4.4 运维工作评估体系

4.4.1 评估框架及方法

目前在ITSM领域内比较流行的是基于ITIL的评估框架，但是在实际评估工作中需要根据评估目的适当进行组合选择。本节介绍三种在实际中运用得比较成功的评估模型。

（1）ITIL V2评估框架模型

ITIL V2评估框架模型通过服务交付（Service Delivery）、服务支持（Service Support）、基础架构管理、应用管理、安全管理、业务流程和服务管理实施规划七个主要部件，实现IT技术和组织业务的整合。ITIL V2评估框架中的核心是其服务管理模块，主要包括服务支持和服务交付两大流程组，另外还包括一项职能（服务台）。相对于其他的评估模型来说，ITIL V2主要就是用来评估组织的ITSM流程的运行情况的，其评估框架的总体结构如图4-3所示。

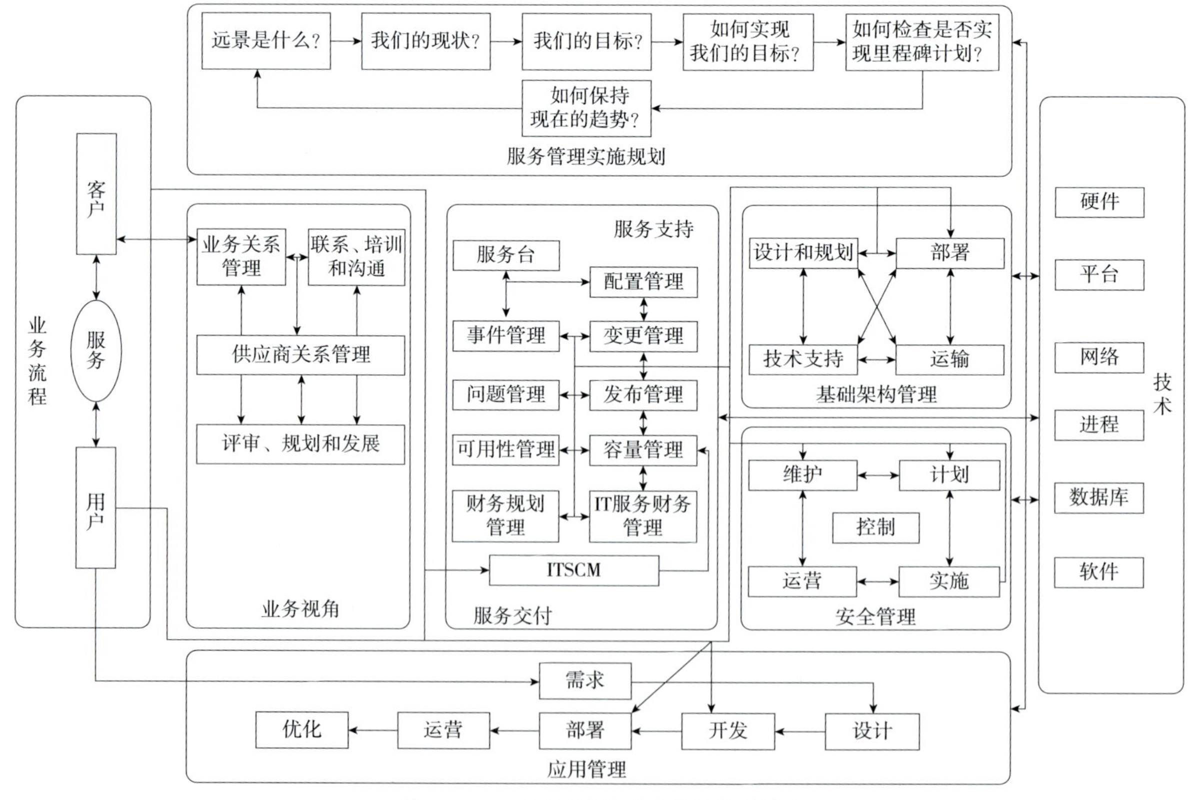

图4-3 ITIL V2评估框架的总体结构示例图

从目前国内企业的ITSM评估来看，由于国内的ITSM发展水平有限，因此以ITIL V2为评估模型一般更加侧重于IT服务支持（Service Support）流程评估，即对服务台、事件管理、问题管理、配置管理、变更管理及发布管理的评估，而对于服务交付(Service Delivery)流程的评估一般涉及较浅或者不涉及。

(2)ITIL V3 评估框架模型

ITIL V3 评估框架较之 ITIL V2 评估框架要大很多，它提供了覆盖整个 IT 服务生命周期的一整套 ITSM 流程。ITIL V3 不仅评估 IT 组织要做什么，还会关注于怎么做。它以服务战略为轴心，从服务设计开始到服务转换，再到进入生产系统后的服务运营形成服务的整个生命周期，服务改进是对服务的定位和基于战略目标对有关的进程和项目的优化改进。

目前，国内的 ITSM 评估基本还不能完全应用 ITIL V3 框架的案例。V3 的框架要求服务组织的起点高、覆盖范围大，而国内 IT 组织的服务暂时还无法达到这个水平。因此，在 ITSM 评估中用到 ITIL V3 时，往往也只是使用其中的某一个或几个模块，比如服务战略中的需求管理，服务设计中的服务目录管理等。而对于 V2 中已有的流程进行评估时，往往还是使用 ITIL V2 中的评估模型。所以 ITIL V3 的评估框架在评估中使用有限，往往是结合 ITIL V2 中的评估模型使用。

(3)ISO 20000 评估框架模型

ISO/IEC 20000(ISO 20000)是第一个针对服务管理的国际标准，于 2005 年 12 月由 ISO 组织发布。该标准帮助识别和管理 IT 服务的关键过程，保证提供有效的 IT 服务满足客户和业务的需求。ISO 20000 包括服务交付过程、发布过程、解决过程、关系过程、控制过程五大过程组。这些过程组总共包括 13 个服务管理流程，并与体系管理职责、文件要求及能力、意识和培训，一同作为体系认证的参考标准。

ISO 20000 涵盖了 ITIL V2 的 10 个流程，并增加了信息安全管理、服务报告，以及业务关系管理和供应商管理流程。与 ITIL 的评估和规划不同的是，ISO 20000 的评估和规划带有更明确的目的性，IT 服务组织的服务管理水平一旦达到 ISO 20000 体系的要求就可以通过 ISO 20000 的认证，获得 ISO 20000 体系认证证书。如图 4-4 所示为 ISO 20000 标准体系的核心过程组。

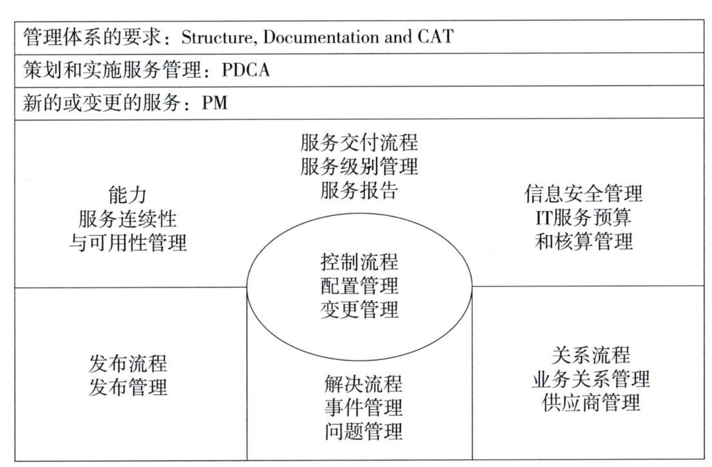

图 4-4 ISO/IEC 20000 标准体系

在实际实施 ISO 20000 评估的过程中，要注重与 ITIL 评估方法的结合。ITIL 流程的评估侧重于改善实际工作，而 ISO 20000 的评估更加侧重于使组织的 ITSM 符合 ISO 20000 的体系要求。因此，在进行 ISO 20000 评估时，要紧扣 ISO 20000 的体系要求，在此基础上对组织的 ITSM 进行评估和规划。

4.4.2 业务流程评估

评估项目的实施通常分为三个主要步骤，第一步是项目启动，第二步是项目数据收集和分析，第三步是项目汇报。项目启动包括召开启动会和认知培训；数据收集分析过程通常包括访谈、资料收集、问题设计、问卷发放和回收以及问卷分析；项目汇报则包括评估报告的撰写、修改以及最后的演示汇报。

(1)项目启动

项目启动是 ITSM 评估的起点，在该阶段需要完成以下工作：

①召开项目启动会。

②确定项目沟通机制。

③制定项目组织结构、项目计划和各类模板。

④项目认知培训。

项目启动会需要项目组全体成员参加，特别是组织的管理层和评估项目的发起者。在项目启动会上，需要落实项目的管理体制和项目实施计划。启动会后，评估项目的咨询方需要根据会议内容制定出项目的管理体制、详细的项目开展计划以及项目过程中会用到的各类模板，比如会议纪要模板、周报模板等，并将这些模板向整个项目组发布。

(2)项目访谈

项目访谈是 ITSM 评估中非常重要的一部分。通过现场访谈，评估方可以在短时间内了解到 IT 部门各方面的运营情况，形成定性的认识，这为下一步进行系统准确的评估提供了第一手材料。

现场访谈的对象应该包括整个组织(不限于 IT 部门)中各个层级的人员，在访谈时，需要结合各利益相关者的利益，期望了解他们对于组织 ITSM 现状的满意或不满之处。

表 4-1 给出了在 ITSM 中各种利益相关者和各自的利益期望。

IT 服务利益相关者示例

表 4-1

利益相关者	期望的服务管理利益	利益相关者	期望的服务管理利益
出资方	符合市场成本降低实施 IT 项目的时间； 提高 IT 的可用性； 从业务角度定义的服务级别； 可保证的服务级别	合作伙伴 厂商 供应商	增进了相互之间的关系； 更清楚各自在业务中的作用
客户 用户 员工 倡导者(Champions)	提高 IT 的可靠性和可用性； 保持或提高客户满意度； 个人满足感； 提高工作满意度； 更有效的流程； 提高生产率； 减少官僚作风	变革者 培训师 人力资源专家 沟通专家 咨询师	完成项目任务； 个人和工作得到认可； 学习和发展
		开发人员	加速移交过程

访谈对象的人数可以根据组织规模大小和访谈的实际需要进行调整。访谈对象的选择需要结合评估目的进行。例如，如果组织关注的是客户满意度的提升，那么在评估的对象中就应当加重最终用户的数量，并有针对性地选择决策层、管理层、执行层的不同成员进行访谈；如果组织关注的是应用系统运行风险控制，就需要重点访谈应用系统的负责人和实施者，以及基础架构支持团队成员(通常会是机房或数据中心的负责人和相关重要业务骨干)。需要说明的是，访谈人员需要在访谈正式开始前就将访谈人员名单和访谈时间列入访谈计划，以防实际访谈时找不到访谈对象而耽误项目进程。

(3)问卷调查

现场访谈获取的是对组织 IT 服务状况的定性认识，而问卷调查获取的则是对 IT 服务现状的定量认识。问卷调查相对于现场访谈来说，覆盖面更广，所获取的结论也更客观。

一般来说，我们建议采取现场访谈和问卷调查相结合的方式，这样既可以实现定性判断与定量分析相互结合，也可以实现评估广度和深度的结合，使评估结果更加全面和准确。

问卷调查的第一步是设计问卷。设计的思路来自于访谈中的发现和对被评估组织的资料收集与分析。IT 组织的实际工作中会用到大量文档资料，例如规章制度、流程文档、部门介绍、岗位说明、相关表格等。收集这些资料一方面可以为我们设计问卷提供思路，另一方面也是加深对被评估组织了解的一种重要手段。

IT 服务管理评估通常用到的调查问卷有：

①IT 治理问卷。

②组织成熟度评估问卷。

③流程成熟度评估问卷。

④用户满意度调查问卷。

⑤IT 人力资源调查问卷。

我们在评估中根据实际需要有选择性地进行问卷调查。通常这些调查问卷都是有一定的模板的，但对于不同的 IT 组织不能简单地套用。我们需要根据访谈和资料分析中所掌握的组织特点，在通用问卷的基础上设计针对性的调查问卷。如有必要，问卷设计还应当让被评估组织的项目成员参与其中，他们可以对问卷中不适合本组织的地方提出修改建议。

问卷的发放和回收需要被评估组织内的项目成员参与，他们在问卷发放计划制订、问卷发放和回收等方面提供协助。问卷发放计划的内容应当包括问卷的发放对象、发放方式、发放数量、发放时间和回收时间。

问卷回收后需要对问卷进行统计分析。问卷统计是件耗时耗力的工作，如有可能，应当通过工具以自动化的方式统计问卷。并不是所有回收的问卷都可以用于数据统计分析，通常我们会将一些不符合要求的问卷视为无效问卷，不纳入问卷的统计分析。例如作答比例较低的问卷、相关度不高的问卷等。判定无效问卷的规则需要在问卷统计之前就设定好。

根据问卷统计的结果，利用分析模型得出问卷调查的定量结论。每一类问卷调会产出相应的分值报告，它们将以定量分析结论的形式作为评估规划报告的有力补充。

(4)项目汇报

问卷调查结束后，评估项目的前台工作就基本结束，进而转为后台工作。这个阶段最主要的工作就是撰写评估报告。报告撰写完成之后，评估工作基本就结束了。但为了能够将评估的结果较好地在组织中传达下去，一般会在评估完成后举行评估汇报会。

评估报告时项目评估中最重要的交付物。它将项目评估中的访谈、资料调查和问卷调查所获取的信息整合归纳，形成总体评估报告。通常，IT 服务管理现状评估报告必须包括以下内容：

①前言。

前言部分需要包含项目的评估背景、评估目标、评估范围、评估方法和评估的过程介绍以及评估中使用到的术语和报告的阅读方法。

②IT 工作现状与分析。

这一部分内容是从总体上来评价被评估组织的 IT 运营状况，它应当包括该组织 IT 服务工作的现状与面临的挑战；组织架构的现状与分析；运营流程的现状分析；工具的使用情况及分析。

③评估中的主要发现与主要建议。

这部分内容是评估报告的重点。它主要是通过数据分析、现场访谈和资料调查的相互印证，提炼出被评估组织面临的最主要的问题。主要发现应当是经过提炼而形成的“务虚”的观点，不应当是太过于具体的“务实”的观点。针对主要发现，评估团队应当给出系统化的、具体的、可行的建议。这些建议不应该是一步到位的建议，而应当是根据组织的实际情况提出的渐进的、可逐步实现的。

④流程改进的详细建议及路线图。

这个部分是根据组织的 IT 整体运营状况结合流程成熟度的评估而提出的针对每个流程的详细的、具体的建议。这些建议应当尽可能详细，保证评估报告的阅读者可以通过这些建议立即明确应该由什么角色在何时执行何种改进活动。

路线图是指建议被评估组织实施改善 IT 服务管理活动的时间顺序。通常按照时间序列，将改进路线图定义为近期改进建议(3～6 个月)、中期改进建议(6～18 个月)及远期改进建议(18 个月以后)。改进路线图的时间划分并不是一成不变的，可根据具体改进措施实施的难易程度定制化地划分，但是近期、中期和远期改进建议之间应当有前后承接优化的关系。

评估汇报会的成功举办往往依赖于以下因素：

a. 相关各方的参与。项目汇报会要求必须参与的人员有公司相关的领导、全体项目组成员、IT 部门领导及关键岗位的工程师、业务部门代表，其他人员可根据需要自行增加。

b. 准确高效地展示评估结果。组织中并不是每一位成员都会阅读到现状评估报告，因此在汇报会上将评估的成果展示出来是在组织内部灌输 IT 服务管理的非常好的方式。这要求进行演示汇报的人员要非常熟悉评估报告的内容，并且要具有很好的表达能力和展示能力。

c. 相关各方的讨论和建议。汇报时的评估成果并不一定是最终的评估成果。在汇报演示完成后，参会各方还要根据自身的状况结合汇报的内容进行讨论，并提出修改建议。在充分讨论后，将被大家认可的建议加入评估报告中才表示评估工作的完全结束。

4.4.3 服务评估

服务评估主要是以运行维护处理流程为基准，根据每个环节的特点，制定相应的服务评价标准。进行服务评估的目的是将新的或变更后的服务应用到信息化环境中。在评估过程中要遵循以下原则：

①以质量、合规性、风险和安全需求为基础来设计可满足目标的服务。通过协调所有 IT 服务设计活动，确保实现一致性和业务重点，从而交付更有效、更高效且符合信息化平台业务需求的 IT 业务解决方案及服务。

②设计出的服务可以在合理的时间和成本范围内便捷高效地开发出来，并尽可能地降低、最大限度地减少或限制服务供应的长期成本。

③为 IT 服务设计、转换、运营和改进而设计出有效的流程，并与支持工具、系统和信息，特别是与服务组合相结合，共同管理服务生命周期。

④识别并管理风险，以便在服务上线之前消除或减轻风险。

⑤设计相关指标，用于评价流程设计及其交付成果的效果与效率。

⑥制定并维护用于 IT 解决方案设计的 IT 计划、流程、策略、架构和文档，从而满足当前和未来的业务需求。

4.4.4 信息安全管理需求评估

信息安全管理是指要保护信息化平台中的信息资源免受各种类型的威胁、干扰和破坏，即保证信息的机密性、完整性及可用性。

(1)信息安全管理的需求评估要点

①机密性(Confidentiality)：保证信息不泄露给未经授权的人。

②完整性(Integrity)：对抗对手主动攻击，防止信息被未经授权者更改。

③可用性(Availability)：保证信息及信息系统确实为授权者所使用。

(2)信息安全管理流程和框架组成部分

①信息安全政策和策略，包括策略、控制和规则。

②信息安全管理系统，包括信息安全标准、管理过程和指导原则。

③有效的安全组织结构。

④一套支持政策的安全控制体系、安全风险管理和监控流程。

⑤沟通安全策略和计划。
⑥对策略和计划的培训和认知。
(3)信息安全管理评估的关键指标
①安全问题和安全故障影响降低百分比。
②服务级别协议中遵循安全条款增加百分比。
③安全事故数量。
④已经关闭的安全问题数量。
⑤已经解决的升级和内部评审事项的数量。
⑥评审和审计按时进行的百分比。
⑦已发现的风险(告警+新威胁)数量。
⑧包含明确安全说明的SLA的百分比。
⑨包含明确安全说明的支持合同的百分比。
⑩已发现的发布安全事项数目。
⑪因为安全事项而执行回退的变更数目。
⑫安全补丁的发布速度。

XIAPIAN
SHIJIAN PIAN

下 篇

实践篇

5 江苏省智慧高速信息化系统运行维护需求分析

本章以江苏省智慧高速公路为例，对信息化平台的运维系统建设进行了需求分析。分析了信息化平台的建设及运维现状，基础硬件设施建设已经成熟，各业务子系统建设较为全面，但是在系统运维和服务管理方面缺乏一套完整、规范的体系，没有标准化流程，大部分工作仍处在即兴、随机的状态，亟需一套高性能、标准化的 IT 服务管理体系来加强信息系统运维和服务的水平，提高公司运营效益和用户满意度。下面的章节将针对该需求分析，引入 ITIL 的相关理念，选取其中适合信息化平台的运维现状的模块，对相关流程进行详细设计。

5.1 信息化建设现状

5.1.1 江苏省高速公路现状

“十一五”以来，江苏通过近几年的高速公路信息化规划和建设，形成了一定规模的信息化基础设施，并在联网监控、信息采集、信息传输、调度指挥、信息服务等方面得到了规模化发展。江苏省第二轮高速公路网规划研究报告指出，到 2020 年将形成“五纵九横七联”的江苏省高速公路网，路线总规模将达到 5200km。随着联网营运高速公路里程的不断增加，联网营运管理的覆盖范围不断扩大，对联网营运管理信息化系统提出新的需求。因此，如何提升信息化建设与运维水平成为目前建设江苏“智慧高速”的重要问题，也是将来能否为广大出行者提供全方位的、人性化的交通信息服务，能否确保江苏高速公路的智能交通系统发挥作用的关键因素。

5.1.2 营运管理系统相关组织概况

江苏省高速公路营运管理信息化体系目前处于项目建设阶段。信息化建设旨在深化信息化规划、推进江苏省高速公路营运管理智能化、指导信息化系统建设，全面提升江苏省高速公路营运管理信息化能力和服务水平。高速公路营运管理系统所涉及用户及服务交付对象由三大部分构成：江苏省高速公路联网营运管理中心（以下简称联网中心）、江苏省高速公路各路桥公司以及社会公众。各部分简要介绍如下。

（1）联网中心

联网中心是江苏省高速公路联网营运管理委员会下设非盈利办事机构，与全省各高速公路经营管理单位共同负责江苏省高速公路联网营运业务。其核心任务主要是从路网层面管理所辖高速公路联网营运管理业务，包括全省联网高速公路公共信息的收集和发布，全省联网高速公路监控调度指挥工作应急管理等业务内容。

联网中心从路网层面分析全省高速公路交通运行态势和营运状况，业务上协调、指导各路桥公司调度指挥，实现路网交通疏导和应急资源管理。发生交通事件事故等紧急情况后，联网中心根据所获取的信息对紧急情况的严重程度进行判别，对影响较小的情况，联网中心交由各路桥公司处理，联网中心起到业务上的监督作用；对跨路段或影响重大的情况，联网中心从宏观上统筹、协调调度指挥工作，指导各路桥公司进行应急处理。

联网中心获取全路网静态、动态交通信息，为社会公众提供出行前或出行中的信息服务，实现公众出行的安全、便捷、舒适、高效。联网中心可通过网站、微博、广播等方式直接发布出行信息，服务社会公众；或将交通信息告知各路桥公司，经各路桥公司控制可变情报板等方式间接向社会公众发布出行信息。当路网交通状况发生变化时，联网中心及时将信息通过以上多种方式进行发布，实现出行信息服务的时效性和广度、深度上的覆盖。

（2）各路桥公司

作为高速公路经营管理单位，各路桥公司管理所辖路段的营运业务。主要为路段交通运行状况监控，应急资源的管理，同时协调各分路段间业务工作。各路桥公司通过视频监控、路段巡查、人工上报等方式获取路段交通事件事故等信息，并上报联网中心。根据紧急情况的严重程度，各路桥公司自己进行处理，或在联网中心的协调指挥下调度应急资源，对紧急情况进行处理。

为所辖路段内出行公众提供交通信息服务是各路桥公司又一项重要营运管理业务，是实现路段交通畅通、稳态营运的重要手段，也为公众安全、便利地出行提供保障。各路桥公司主要借助可变情报板等媒介，提供静态、动态交通信息，为出行公众提供诱导、辅助路径选择、交通安全提醒等出行信息服务。其中，各路桥公司沿线服务区的经营业务主要服务于出行公众，其对信息化系统功能有特定的需求。沿线服务区希望系统能够通过服务区 LED 显示大屏、触摸屏、服务区广播等方式，为服务区内出行公众提供苏通卡充值服务、路线信息查询、路段事故信息提醒等服务；对即将进入服务区的车辆，借助情报板等方式提供服务区内车辆停放情况、拥挤提示等信息服务。

(3)社会公众

社会公众主要指高速公路使用者，包括使用高速公路达到出行目的的民众和使用高速公路达到经营目的的社会企业，两者对高速公路经营管理单位所提供的出行服务信息的需求基本一致。社会公众在出行前希望能够通过网站、手机平台、微博等多种方式了解实时路况、道路施工、道路周边气象信息等服务；在出行中希望能够通过可变情报板、广播、网站等多种方式了解交通状态变化、交通事故信息告知、辅助路径选择等信息服务。

“十二五”时期，高速公路面临的安全形势依然严峻，应对各种突发事件的任务更加繁重。因此，联网中心与各路桥公司迫切需要一个安全有效、运行通畅、标准统一、应用全面、管理规范、资源共享、覆盖全省高速公路并具有国际先进水平的营运管理信息化系统，以实现信息化建设目标，提升各自营运管理信息化能力和服务水平。与此同时，借助系统提供的内容精准、发布及时、覆盖全面的出行服务信息，满足社会公众日益提高的出行服务质量需求。

为更好地推进江苏省高速公路网运营与服务智能化平台的建设，江苏省高速公路各部门按照如图 5-1所示的结构进行信息化项目建设组织，以保障建设工程的顺利开展及完成。图 5-1 中各组织的分工职责参见如表 5-1 所示。

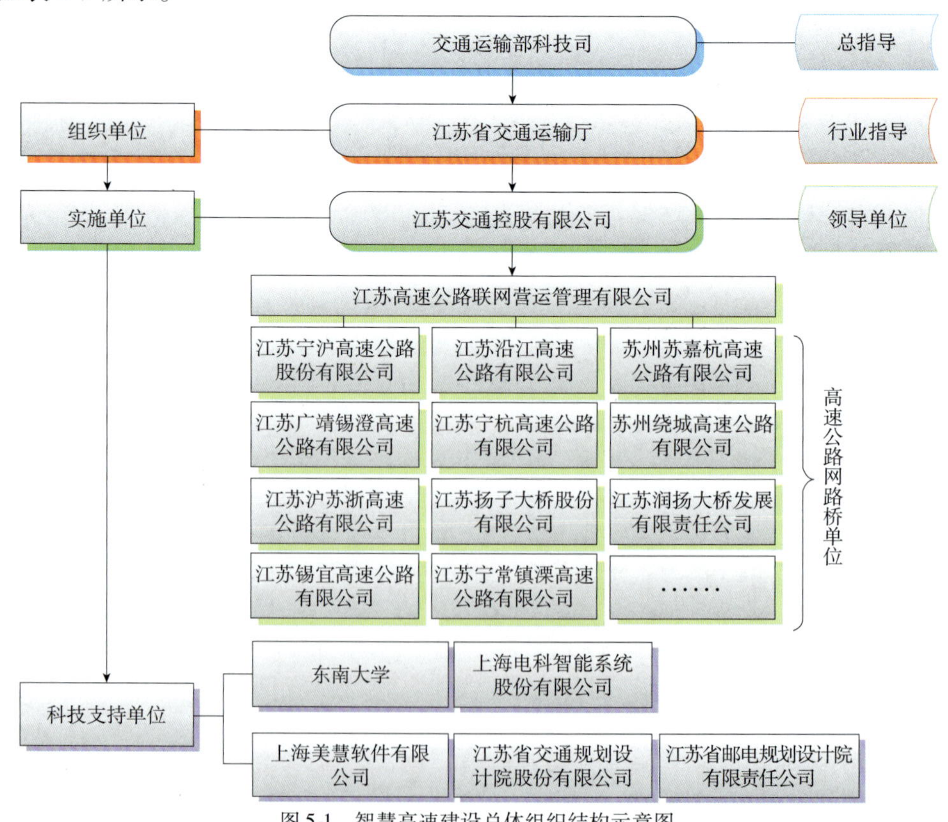

图 5-1　智慧高速建设总体组织结构示意图

项目组织分工职责情况　　表 5-1

单　位	职 责 描 述
交通运输部科技司	作为总指导，总体指导并监督科技示范工程的研究及建设，提供部分经费支持
江苏省交通运输厅	作为行业指导，监督审查项目建设，指导项目建设实施
江苏交通控股有限公司	(1)负责制订项目实施过程中的方针、政策，制订总体计划； (2)监督并协调项目的实施进程，邀请咨询顾问机构对项目进行指导； (3)协调各方资源； (4)定期听取、审核项目涉及单位的工作汇报，协调解决项目中存在的重大困难
江苏高速公路联网营运管理有限公司	(1)负责项目的顶层设计和总体规划，以及路网层部分的实施、验收等工作； (2)编制有关技术方面的指南、协议、规范等，指导路段层和路网层数据、流程的交互和衔接； (3)对项目实施进程中可能会出现的问题组织分析、讨论，并和各路桥单位共同解决
苏南高速公路联网营运成员单位	(1)负责项目中路段层部分的设计、实施、验收等工作； (2)按照联网中心编制的指南、协议、规范等开展建设，确保路段层和路网层数据、流程的交互和衔接； (3)配合联网中心对项目实施进程中可能会出现的问题进行分析、讨论，并和联网中心共同解决
科技支持单位	(1)负责整个项目系统框架的设计； (2)负责技术方案的总体设计； (3)负责总体布设方案和选型关键技术的设计； (4)负责基础信息资源数据约定的初步制订工作； (5)对有争议问题的决策共同协商

5.2 IT 资源现状

5.2.1 交通感知设施

(1)视频监控设施

近些年，江苏省高速公路的视频监控设施不断得到加密。如 2013 年，京沪公司在京沪沂淮江段和扬州西北绕段开展摄像头加密覆盖工作，目前京沪段全线摄像头总数为 251 个、扬州西北绕段为 18 个、宁扬段为 65 个，摄像头总数达到 334 个，基本达到 1.3km 安装 1 个摄像头的分布密度。而 2014 年，广靖锡澄公司在锡澄段开展摄像头加密覆盖工作，目前高速主线摄像头总数为 48 个，基本达到 1km 1 个摄像头的分布密度，实现了主线覆盖无盲区。

(2)视频检测设施

目前，只有部分高速公路安装有高清检测摄像头，可实现对覆盖区域内车辆逆行、违章停车、行人上路、遗落抛洒物等异常行为的自动检测识别。如在 S28 扬州西北绕段，总共部署 3 处高清视频检测点，用于对车辆行人的违章情况进行自动识别和抓拍。

(3)交调检测设施

目前，由控股统一部署，全网已在 108 个断面安装有 124 个交调设备。

(4)路侧车检设施

部分公司根据实际需求安装有路侧车检设施，如京沪公司目前在 S28 扬州绕城路段，建设了 8 处车检器，可对断面交通流量进行检测。而广靖锡澄公司在路段总共建设了 7 处车检器，可对断面交通流量进行实时检测。

(5)路面结冰监测

部分公司根据实际需求安装了路面结冰检测设备，如在京沪和润扬大桥公司。

(6)气象检测设施

目前全网通过339个气象站获取高速路段天气信息。

(7)通信网络设施

目前江苏正在升级全网高速公路的通信网络带宽，如京沪公司，于2013年对监控通信网络平台进行升级改造，数据通信网络已实现万兆传输带宽，如图5-2所示。

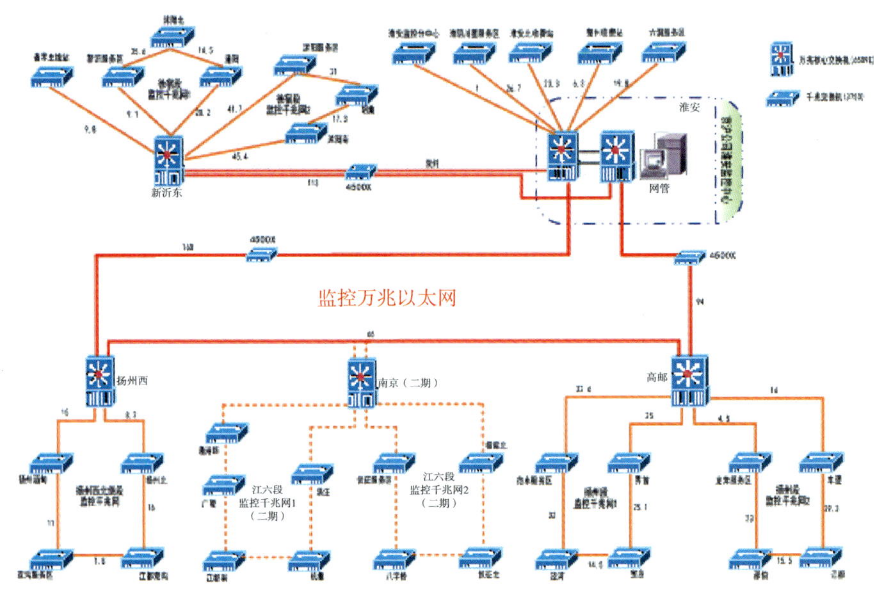

图5-2 京沪公司监控万兆以太网

5.2.2 应用系统

自2005年以来，联网中心一直努力推进信息化建设，目前在信息采集系统、云数据中心、指挥调度平台、公众服务平台等方面均取得了不少成果。主要应用系统有如下几个：

(1)采集系统

构建了手机信息采集系统、卫星定位信息采集系统、收费车辆感知系统、视频监控系统、气象检测系统、路侧交调采集系统等，进而对道路运行状况、温度、能见度、交通事故等信息实现实时采集，实现了对全省高速公路运行状态的全面掌控。

(2)数据中心

数据中心目前已上线运行，由数据仓库、数据共享子系统、交通状态实时预测子系统、交通状态指数分析子系统、数据融合子系统、数据交互子系统等子系统组成。

数据中心实现了各类交通信息数据的汇聚和各已有系统的对接，具有路网数据处理分析功能，并有力支撑指挥调度和公众服务两大应用平台的运行。

(3)指挥调度平台

联网中心指挥调度平台在业务层面支持与外部应急管理平台的联动作业，通过数据中心与路公司应急指挥平台、泛长三角应急联动平台、省路政应急联动平台、省巡警应急联动平台实现业务互通。

目前指挥调度平台具有路网运行监控、应急事件管理、交通气象、路网调度、报表统计等子模块。运行监控模块可调看路段监测视频，巡检情报板显示内容；应急事件管理模块可调看事件的上报、确认或返回信息，可对预案进行编辑；在路网调度模块，可基于GIS地图进行情报板信息发布、情报板简易发布、清排障救援作业管理、道路养护施工管理等；在交通气象模块，可给予 GIS 地图查看各类气象实时信息；在报表统计模块，可对流量、营运安全信息、重大节假日状况、交通事件等信息进行统计分析和展示。

(4)公众服务平台

为保障路网信息服务内容的一致性、开放性和可扩展性，联网中心已建成公众服务平台，实现了出行信息的统一接入、统一描述和通用信息的统一处理。

已建成的公众服务数据管理平台可实现对出行公告、出行问答、景点等信息的审核、维护和查询功能，另外还可实现对软件访问量、发布信息、手机反馈意见进行统计。

目前，高速公路营运信息服务水平正稳步提高。服务内容逐步丰富，包括实时路况、高速公路天气等查询服务，交通事故报警、其他困难救助等救助服务，对收费、排障等服务的投诉等。服务手段也更加多样化，目前向社会公众提供的服务方式包括高速公路客服热线 96777、www. js96777. com 网站、手机 WAP 网站、微博、e 行高速手机 app 软件等。服务内容和服务手段的不断发展，使得公众获得了更加全面准确的信息服务，实现了便捷高效的出行。

其中，e 行高速手机 app 软件可展示江苏省省内的交通态势、突发事件、施工管制等多种信息内容。通过该应用，用户可以快速掌握周边交通态势，方便出行。软件包括周边路况、实时路况、路径查询、高速服务、我报路况、天气预报等内容，用户可以通过地图查看周边路况，或者通过图标、列表等多种路况查询查看方式，简单明了查询路况。此外，通过道路示意图浏览，用户可以收看道路沿线收费站、服务区、互通枢纽等信息展示，或者通过语音播报提示，更加安全。在此基础上，用户可以简单、快捷地通过一键拨打江苏省高速公路客服热线，或者通过 app 软件进行突发事件的报备。

www. js96777. com 网站提供了多项公众出行服务，包括图行高速、高速公路态势、实时路况、高速气象、服务设施、路网简图、路径查询、费率标准、收费站查询、服务区查询、旅游景点查询、苏通卡网点、高速出行问答等。目前网站访问量已达到 180 多万，方便了广大驾乘人员。但网站使用效果还存在一些问题：数据内容还有待丰富，网站在高速公路基础信息等静态出行信息方面较为丰富，交通路况、道路路阻、环境状况等动态实时信息方面相比静态信息较为缺乏，对于满足公众出行服务的其他相关信息如旅游、购物、休闲娱乐等信息较少。个性化的信息服务缺乏，未能为出行者提供结合各种终端的全方位个性化服务。

(5)运行维护平台

目前，联网中心运行维护平台可基于 GIS 地图展示交调点、气象站、圈存机、视频摄像机、可变情报板等外场设施状态，并具有资源管理、日常养护、监控报警、报表统计等功能。

(6)决策支持系统

决策支持系统可实现流量数据分析、清障数据分析、营运安全信息分析、交通事件分析等功能。

5.3 运维需求

随着江苏省高速公路信息化建设的进一步开展，信息系统的覆盖范围越来越广，信息化建设和运维的复杂度不断提升。一方面需要继续深化信息系统建设，实现业务支持到决策支持的转变；另一方面需要加强信息系统运维管理，确保信息系统的稳定运行和可持续发展。

5.3.1 运维特点

针对高速公路信息系统的特点，相对于金融、电力、电信以及高校等行业，高速公路行业在信息系统运维管理过程中，有其独有的特征和难点。

(1)子系统类型繁多、区域跨度大

高速公路信息系统建成后，覆盖整个所辖路段及相关行政单位——贯穿江苏省“四纵四横四联”高速公路网主骨架，包括宁盐高速公路、宁沪高速公路、京沪高速公路、苏嘉杭高速公路、连徐高速公路、宁靖盐高速公路、宁宿徐高速公路、宁杭高速公路、沿江高速公路、盐徐高速公路、徐济高速公路、沿海高速公路、宁连高速公路等。以后将覆盖到2020年形成的“五纵九横七联”江苏省高速公路网。所有子系统如路网机电系统、协同办公系统、ETC客服以及语音、图像等业务以及公司内部各业务子系统(财务结算、资产管理、路政综合管理、养护基建管理系统等)，均为基于高速公路专网的跨地市和行政区域的子系统。

这种结构的信息系统对于网络建设时期逻辑结构设计的合理性以及运行时期网络性能的稳定性、时效性都具有较高要求。

(2)信息设备类型复杂、种类多、外场设备多样化、运行条件艰苦

信息机电系统以全路网联网的通信系统为基础，建立各互联子系统，其中包含大量外场设备如道路中央或两侧的图文发布系统(可变信息标志)、全程监控系统，收费站车道设备、监控摄像机及计重设备、车辆检测线圈、太阳能电池等。多样化的设备类型，条件恶劣的外场环境，都对直接面向客户的一线设备完好率提出了严峻的考验。

如纽约州高速公路运营管理对象包括了2834车道英里的高速公路、809座桥梁、118个匝道、11个收费站、27个服务区、21个养护点、11个停车区、超过600个的智能交通设备(情报板、摄像机、交调、气象台)、4000件养护专业设备。信息采集设施包括：154套闭路摄像机，其中许多可以通过网站观看；73块固定可变情报板和26块便携式可变情报板；13个高速咨询广播电台；119处车辆实时监测点。

而国内如江苏省宁沪高速路段全长273km(江苏段248km)、24个收费站(21个互通收费站)、主线摄像机总数233个、服务区摄像头473个、94块情报板、14个断面交调点、19个监测点、4个管理处和6个服务区。

为了保障高速公路的畅通、安全，设置在高速公路上的交通信息感知设施起着重要的信息支持作用，因此监测并保障信息感知设施的健康运行是很多高速公路运营管理者所特别关注的，如美国加利福尼亚州高速公路就通过管理系统PeMS(Performance Measurement System)对系统内的所有检测站点和设备都有详细的记录，包括每个检测器所属管理部门、检测器更新日志、检测器所在具体位置、检测器工作状态等详细信息。如图5-3所示为PeMS系统中的检测器健康状况统计。

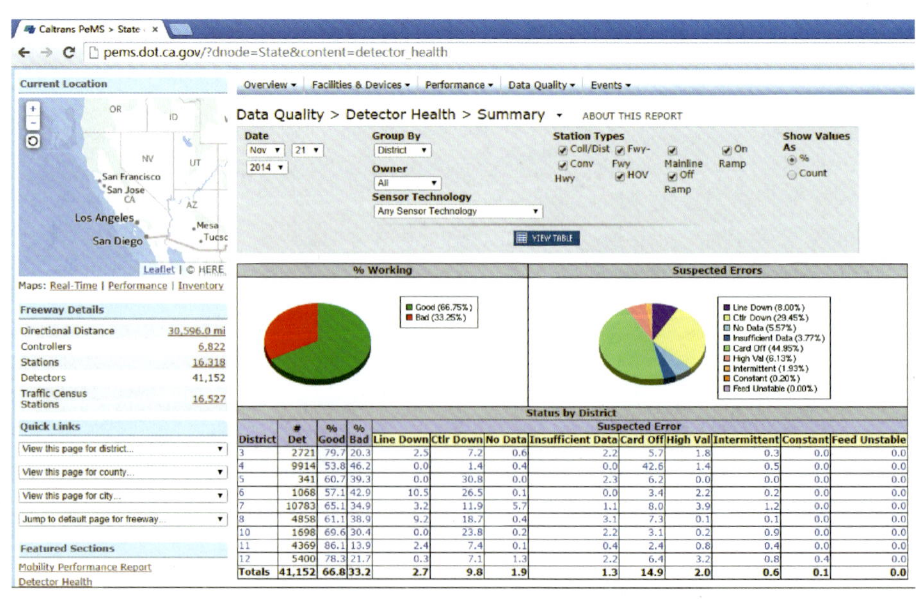

District	# Det	% Good	% Bad	Suspected Error								
				Line Down	Ctlr Down	No Data	Insufficient Data	Card Off	High Val	Intermittent	Constant	Feed Unstable
3	2721	79.7	20.3	2.5	7.2	0.6	2.2	5.7	1.8	0.3	0.0	0.0
4	9914	53.8	46.2	0.0	1.4	0.4	0.0	42.6	1.4	0.5	0.0	0.0
5	341	60.7	39.3	0.0	30.8	0.0	2.3	6.2	0.0	0.0	0.0	0.0
6	1068	57.1	42.9	10.5	26.5	0.1	0.0	3.4	2.2	0.2	0.0	0.0
7	10783	65.1	34.9	3.2	11.9	5.7	1.1	8.0	3.9	1.2	0.0	0.0
8	4858	61.1	38.9	9.2	18.7	0.4	3.1	7.3	0.1	0.1	0.0	0.0
10	1698	69.6	30.4	0.0	23.8	0.2	2.2	3.1	0.2	0.9	0.0	0.0
11	4369	86.1	13.9	2.4	7.4	0.1	0.4	2.4	0.8	0.4	0.0	0.0
12	5400	78.3	21.7	0.3	7.1	1.3	2.2	6.4	3.2	0.8	0.4	0.0
Totals	41,152	66.8	33.2	2.7	9.8	1.9	1.3	14.9	2.0	0.6	0.1	0.0

图5-3　PeMS系统中的检测器健康状况统计

而在江苏省高速公路联网中心，目前硬件配置主要包括44台服务器、机房配套设施、维护管理PC终端等，包括磁盘阵列2套、磁带库1台、NAS3台、防火墙2台、交换机7台，容量基本满足现有业务需求，后续数据挖掘等功能系统的开发尚需不断扩充相应的硬件设备。

(3)社会影响直接而深远

高速公路信息系统的建设与完善，归根结底是本着公司"信息引导出行"的服务理念，立足于"服务大众，奉献社会"，目的是为驾乘人员提供"快捷、畅通、文明"的安全大道。信息系统运行的健康度可带给服务对象直接的感受，例如情报板显示内容是否正常、ETC车道及自动发卡车道通车是否顺利、计重收费计量是否准确、服务热线是否畅通等，均以最直接和直观的方式对客户造成感官影响并严重影响着公司的社会形象和服务质量。

在高速公路的正常运营过程中，常发生某一两个故障点导致大规模的堵车现象。例如某一点全程监控图像故障，而此处恰好发生交通事故，则影响监控中心路政人员调度指挥，无法第一时间判断现场情况作出最优决策，只能依赖传统的路政巡查车到现场进行疏导，若事故严重、阻碍现场交通，则可能导致事故处理时间较长，不仅降低道路运营效率，而且造成严重的负面社会影响。

(4)系统建设、维护成本高

随着信息技术的不断提高、旧设备的逐年老化，高速公路信息系统每年都要进行大量的维护维修和升级改造，以满足不断增长的公司和客户需求，确保信息系统正常运行。信息系统运营成本耗资巨大。

综上所述，信息系统运维状况不仅取决于技术人员素质、机房维护水平，更有大量不确定因素来源于外部环境，例如恶劣天气、交通事故、车流量高峰、特殊政治任务等等。这些问题都使得高速公路信息系统的运维工作面临更加严峻的考验。

5.3.2 面临的运维问题

在江苏省智慧高速的建设过程中，先后在行业内采取了一系列富有成效的信息机电建设管理方法，在国内较早建设了高速公路运营调度指挥系统、高速公路服务热线(呼叫中心)、全程监控系统、电子不停车收费等现代信息系统。为了保证IT系统对高速公路管理运营起到稳定的支撑作用，防范IT系统故障给公司营运管理造成损失，江苏省高速在路网层面非常注重对信息系统的运维保障，然而，随着信息系统不断增多、设备种类日益繁杂，在有限的人力资源条件下，保障IT系统正常可靠运转变得日益困难，在这种情况下，探索和建设标准化、高效能的高速公路企业IT运维管理体系成为信息管理工作发展的必然趋势。

信息化建设不是安装几套硬件系统、配几套软件系统的简单工程，而是应该从调度指挥并充分发挥各要素功能的角度来看待的一项系统工程。要想通过信息化的建设和应用来推动升级服务质量、深化服务内容以及优化服务层次，必须充分认识机构—部门—单位之间及其与出行者之间的关系，对不适应转变要求的机构运作方式进行改革，建立适应以提升服务为导向的信息化工作管理模式。

在国内尤其是高速公路行业，信息系统运维管理还没有比较好的实施案例，也没有完整详细的行业标准。目前，在高速公路信息平台的运行维护和管理存在以下问题亟待解决：

(1)设备类型和维护模式分类不明确

高速公路信息系统的建设历时将近20年，期间各子系统建设和升级扩容并无统一规划，实施时间也不统一，而且公司中间历经多次机构调整和变革，导致资产资源划分变动频繁，甚至很多设备目前所属权依然不明晰。所有设备至今均无完备的设备履历资料，早期建设的系统资料严重丢失，更新后的资产管理和使用者对设备当前运行状况不明确，很多问题都要通过人为方式寻找最初参与该系统建设的人员，通过咨询来探索解决方式。因此增加了运维部门的运维难度和复杂度，且缺乏详细完整的"技术地图"，当故障出现时，不能及时地定位故障，导致故障解决时间较长。目前维护模式大体有自行维护、厂商代维和外包服务三种，但是并没有针对各子系统的类型和运行情况进行明确分类，并明确规定与维护方式之间的对应关系，一切处理方式都处在“随机”状态，经常出现三种模式相互交叉，导致权责不明晰、过程效率低、结果不确定等后续问题。而且，对于信息系统运行现状把握不够、预测无据，常常出现重复投资或新旧系统不兼容等情况。

(2)缺乏统一的运行维护平台

目前缺乏针对高速公路的专业运行维护管理平台，因此各设备厂商往往只提供针对自己设备的运维管理软件。自行研制的运维管理软件往往局限于各自维护的设备本身，导致各设备的运行维护系统间缺乏数据共享和通信能力，既难以统一进行运行维护与管理工作，一旦问题发生也难以统一协调调度，不利于解决问题并将问题的影响最小化。并且，各软件设计缺乏行业标准和规范，通用性差，很难实现总体的统计、评定和服务质量的评估，久而久之运维服务质量无法提升，无法满足智能交通系统建设和应用的发展需要，运维成效较不理想，也增加了维护人员的工作负担。

(3)运行维护工作不规范

目前大多数信息平台的运行维护工作流程未实现信息化，维护工作随意性强，缺乏规范化管理。对系统故障的发生和解决缺乏过程性记录，故障表征现象、发生原因、发生频次、解决方案等都没有纳入信息化管理平台，问题从提出到解决未形成闭环，未建立运维知识库，且由于缺乏足够的资料来支持对系统故障的原因分析，无助于系统功能的改进和应急机制的建立。此外，从信息系统故障发生和处置时间上来看，仍依赖事后处置。往往是业务系统发生故障、系统无法正常运行后，前台业务人员反映给运行维护人员，维护人员采取后续处理措施，而此时业务已经中断，前台产生业务积压，影响已经造成。具体而言，产生了以下弊端：

①因高速公路企业IT系统的独特性，系统运行过程中出现的问题很多源自无法预料的不确定因素，例如外场断电、交通事故、低温天气、雷雨突袭等，都有可能给外场前端甚至后台设备造成不可预估的损坏和影响。当问题出现时，如果不是发生在前端，经常事隔很久才会发现故障，而此时造成的影响已经远远超过故障发生时的影响。

②故障被发现后，往往是由现场人员通过表面现象判断故障，这类人员往往是收费员、电工等工作人员，一般不容易判断故障原因，往往将问题反映给最容易找到的或私人关系较熟悉的工程师来处理，而未必能够有针对性地在第一时间将问题反映给真正能够处理该问题的对象。如此不规范的处理流程，使得问题的解决通常处于滞后或临时突击的状况，大大降低了系统运维效率及信息服务满意度。

③对于各种硬件设备及软件系统的文档资料没有统一的管理模式，运维人员很难及时快速地找到相应资料，给后期的运维工作带来了很大的困难。

④运维中出现和解决的问题没有做记录或记录不规范，导致类似问题再次发生，又要重新分析解决问题，导致工作效率低。

(4)维护考核机制不完善

当前的各种维护模式都未指定完善、合理的考核模式。目前针对自行维护的技术人员，一律基本采用工作量考核方法，以设备瞬间状态为导向，即只对其维护的设备完好率、数量、维修及时率进行考核，而不考虑该设备正常运行所需的实际要求以及维护该设备所涉及的技术难度等要素，使得对于工程技术人员本身的考核显得很不公平，因此严重挫伤了技术人员的积极性。此外，采用外包代维服务的部分，由于合同执行均靠人为控制，漏洞缺口很难把握，合同中的很多违约条款如逾期完工、延迟交货等，因人为因素，根本无法切实实施。对于维护厂家的考核也形同虚设，完全由各当地业主主观判断。种种情况造成维护绩效考核机制形同空壳，几乎不存在考核应有的力度和效果，也严重影响了公司IT服务的效率和质量。

5.3.3 总体需求

高速公路的信息化程度，很大程度上取决于信息平台的运行维护和IT管理服务水平。目前，由于交通信息系统平台的数据规模和业务量成几何级数快速增长，终端应用的要求也越来越高，特别是在智慧高速的建设中往往通过数据中心等模式对海量数据进行集中存储、分析和管理，信息系统的任何一次运行故障或监管不到位都有可能大面积影响业务办理。因而，信息化系统的运维管理将成为信息系统软硬件设施建设成熟后面临的关键问题，将直接影响公司的投资运营成本及效益。运维系统的建设应能达到以下目标：

(1)提高信息化系统的可用性

实现对信息化系统的运行监控，达到更有效的管理，保障整个系统稳定、高效、不间断运转，并为路桥公司提供高可用性的 IT 服务。

(2)提高设备运行维护效率

实现信息系统资源的集中监控，监视各主机、数据库、中间件等资源的运行状态和工作任务的完成情况，可实现自动启动工作任务，大幅度减小系统管理人员的工作压力。

(3)保障系统的稳定性

减少因系统停机、重要数据信息的丢失等而造成的业务停顿。

(4)保障数据准确性

运维系统对 IT 设备和相关系统运行状态进行监控，并且通过这种监控，控制信息化系统相关数据的可靠度、有效性等指标，并最终保障数据和服务的准确性。

5.3.4 功能需求

(1)系统监控

系统监控包括数据采集监控、统一监控告警管理和集中监控。监控方面的运维覆盖了底层数据采集、数据中心的数据融合与处理、应用层的指挥调度与公众服务和数据交互共享平台的数据交互，主要针对路桥公司交通相关数据及这些数据的采集、处理和应用全过程。

(2)展示运维

展示运维包括监控视图、资源树和综合报表，主要针对路桥公司信息化系统的应用服务部分，即针对指挥调度和公众服务系统等需要进行展示的模块进行运维。

(3)管理运维

管理运维包括系统管理、IT 资产管理、事件管理、问题管理和运维知识库等内容，主要针对路桥公司信息化系统业务数据的采集、处理和应用全过程。

6

江苏省智慧高速运行维护系统设计

根据上一章中对江苏省高速公路信息化平台的运维系统需求分析，本章将 ITIL 理论的核心理念应用到运维系统的设计中，形成了一套由服务台、基础设施管理规范和服务支持管理规范、基础设施管理子系统和服务支持管理子系统以及考核体系构成的运维系统。从该框架到目前为止的实践经验来看，可以很好地满足运维系统的需求。该框架也具有良好的扩展性，可以根据信息化平台的具体规划和规范制度进行更为详细的流程设计及软件服务支持，取得更好的实际运营效益和 IT 服务管理效果。

6.1 总体框架设计

在智能交通的信息平台领域，存在着智能交通设备种类多、覆盖范围广、部署分散、系统功能复杂、数据量巨大、运维方式难以统一等特点。IT 运维管理系统应包括基于 ITIL 标准的智能交通设备的生命周期管理、设备状态管理、视频质量的智能监控管理等一系列实施规范，基于上述规范开发设计的运维系统信息化平台以及使用平台发布运维信息，应对运维服务请求的运维专业化团队。依托运维信息化平台这一核心，实现人员、技术(标准)和流程的有机结合。

按照上述设计方针，江苏省高速公路信息化平台运维系统由服务台、基础设施管理规范和服务支持管理规范、基础设施管理子系统和服务支持管理子系统以及一套考核体系构成。

6.1.1 设计目标

江苏省高速公路信息化平台运维系统设计目标是实现对宁沪公司“132”智慧工程中所有信息化系统的运行监控，达到更有效的管理，保障整个系统稳定、高效、不间断运转，并为宁沪公司提供高可用性的 IT 服务。具体而言有以下两个方面：

一是实现对所有信息化系统的运行监控，达到更有效的管理，保障整个系统稳定、高效、不间断运转，提高 IT 信息系统的可靠性。

二是通过实现信息系统资源的集中监控，对各主机、数据库、中间件等资源的运行状态、工作任务完成情况的监控，实现工作任务流程的自动化，大幅度减小系统管理人员的工作压力，并减少因系统停机、重要数据信息的丢失等而造成的业务停顿。

6.1.2 建设原则

面对新的挑战，江苏省智慧高速运行维护系统建设遵循 PPT(People、Process、Technology)原则，即受到良好培训的人员，通过执行明确定义的、以技术驱动的流程，为所支持的业务提供高质量服务，同时借鉴 ITIL 最佳实践体系，依据公司实际情况，开展 IT 运维管理体系的建设实践，形成具有特色的信息化运维管理体系。

(1)标准化和规范化

严格遵循国家、交通行业有关法律法规和技术规范的要求。

(2)安全性和易用性

安全系统与路桥公司业务必须紧密耦合，实现安全工程的集约化和过程的规范化。

(3)开放性和可扩展性

平台结构要按照开放性和可扩展性原则设计。

(4)经济性

充分利用已有资源，避免重复建设，力求减少浪费。

(5)完整性

除了针对本期项目系统功能需求外，还要充分考虑系统非功能需求和项目全程监管。

(6)系统性和时效性

统筹规划、统一设计，保证整个系统的统一和数据的一致。

(7)先进性和成熟性

满足系统在很长的生命周期内有持续的可维护性和可扩展性。

(8)可靠性

确保整体运行的可靠性。

6.1.3 运维系统概要设计

基于ITIL理论的江苏高速公路信息化运维系统，包括一个服务台、两大规范、三大系统和一套考核体系，如图6-1所示。

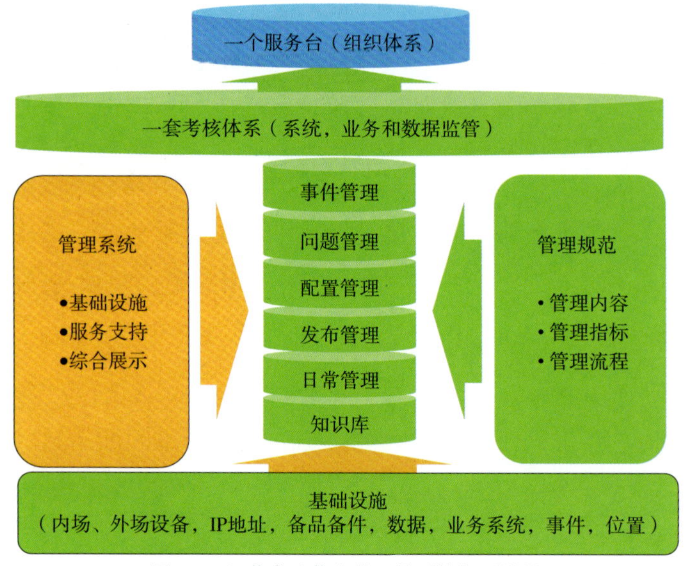

图6-1　江苏高速信息化运维系统概要设计

分别介绍如下：

服务台是运维管理的总窗口，用于接受客户的请求并及时反馈处理结果。服务台由两部分构成：运维系统提供的自助式服务页面；驻现场的工程师，主要负责解决重大疑难问题。

两大规范包括基础设施管理规范和服务支持管理规范。基础设施管理规范对信息化平台(数据中心或各路桥公司)的管理对象(各类IT设备)进行分类，对每类管理对象定义具体管理指标。服务支持流程规范以事件管理为核心，明确事件定义和等级划分，形成以事件发现、派单、处理、结案和分析统计为闭环的处理流程。

三大系统是基础设施管理系统、服务支持管理系统及综合应用展示系统。基础设施管理系统和服务支持管理系统是对两大规范的软件固化。基础设施管理系统主要包括监控数据采集、监控数据处理、告警存储、告警发送、应用展示和分析统计功能。服务支持管理系统主要实现对管理流程的固化，主要实现日常管理、事件管理、问题管理、配置管理、变更管理和发布管理等功能。综合应用展示系统主要是实现对管理对象的可视化展示，方便运维系统的日常管理。

考核体系对运维工作进行了量化的考核。运维团队按照两大规范，围绕管理对象和事件进行管理。使用两大系统来规范和固化日常工作，同时以考核体系为指挥棒来持续改进运维工作。

6.1.4 运维系统框架设计与技术路线

(1)运维系统框架设计

在概要设计的基础上，结合江苏高速信息化平台的具体实践，给出如图6-2所示的运维系统总体框架。该系统的技术性能指标请参照本章6.6节。

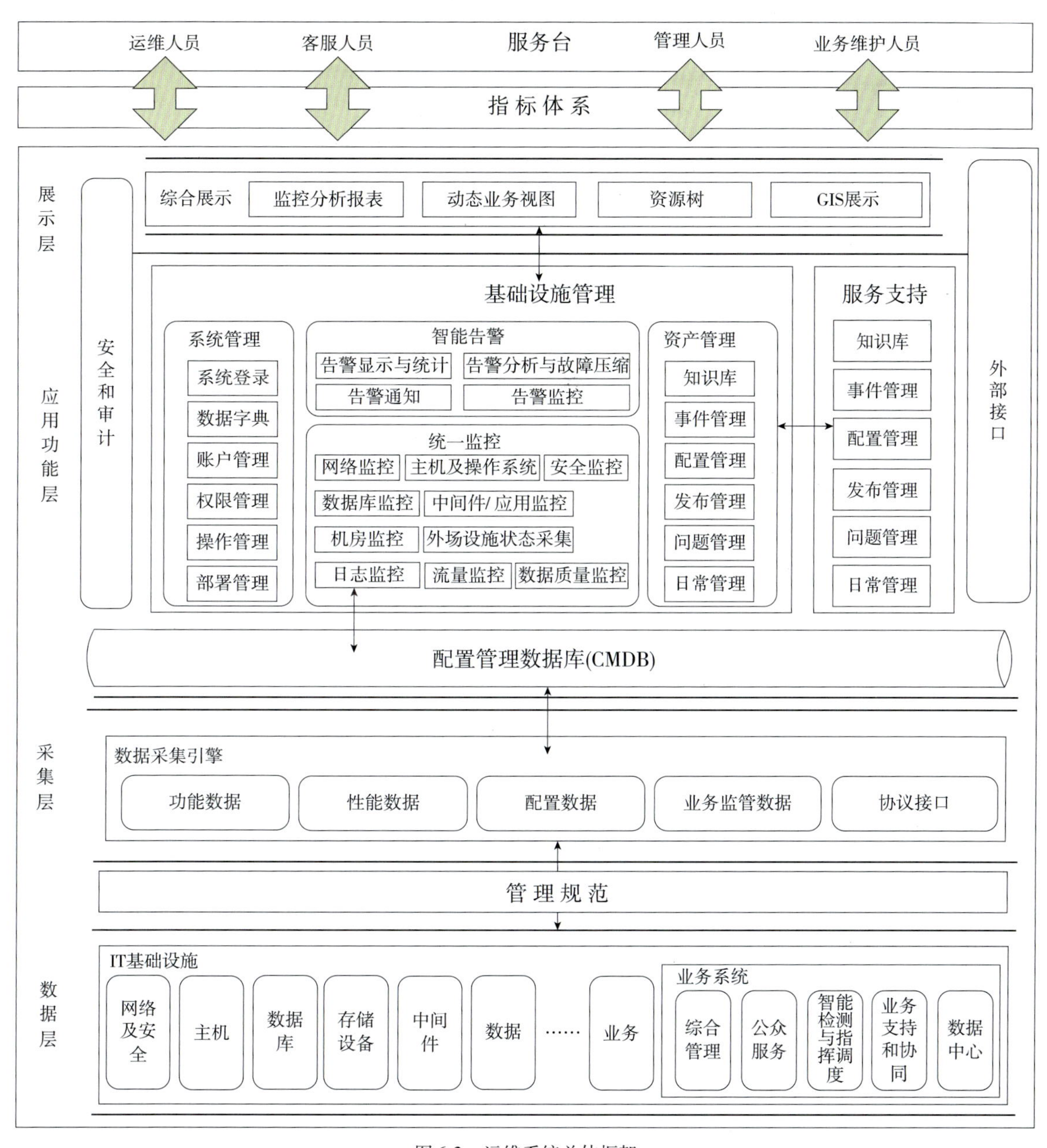

图 6-2 运维系统总体框架

(2)运维系统实施技术路线

运维系统的实施可分为以下四个阶段：

①阶段一是问题分析，主要工作是梳理出江苏信息化运维现状存在的主要问题并归纳为具体的运维需求。

②阶段二是结合 ITIL 体系的标准和规范，根据运维需求，设计具体的解决方案，建立运行标准体系和考核指标。

③阶段三是将上述标准体系和考核指标等统括到一套运维系统中，形成具体的实施规范和运营体系。

④阶段四是根据运维系统流程开发相应软件，将规范固化到软件中，并培训相应的人员负责运维系统的日常运营。

具体的技术路线如图 6-3 所示。

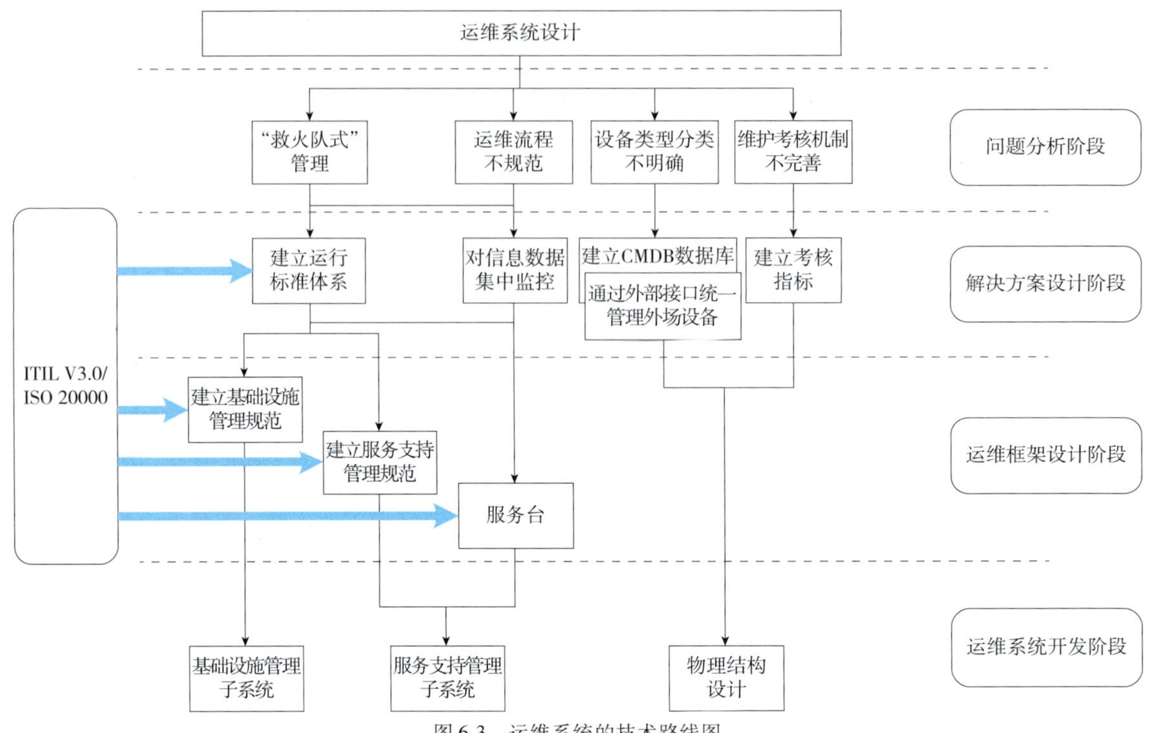

图 6-3　运维系统的技术路线图

6.1.5　物理结构设计

运维系统的物理结构包括监控采集服务器、管理服务器、数据库服务器、GIS 服务器和服务流程数据库(图 6-4)。

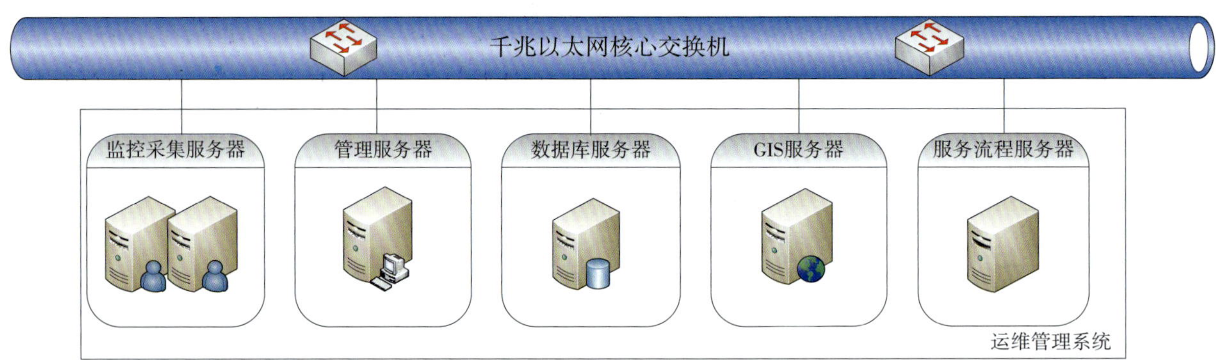

图 6-4　运维系统的物理结构

(1)监控采集服务器

该服务器为保证可靠性和可扩展性，采用负载均衡集群模式，共部署两台中档 PC 服务器。该服务器实现对数据中心监控的管理对象进行管理指标采集。

(2)管理服务器

该服务器需要部署一台中档 PC 服务器，用于部署系统管理软件，包括自动化安装、自动化配置管理和备份管理等功能。

(3)数据库服务器

该服务器需要部署一台中档 PC 服务器，实现对采集的管理对象的管理指标进行存储和分析。

(4)GIS 服务器

该服务器需要部署一台中档 PC 服务器，用于部署 GIS 应用服务器和引擎。为了对内外场设施的地理位置进行直观的表示，需要通过 GIS 服务的方式进行展示。

(5)服务流程服务器

该服务器需要部署一台中档 PC 服务器，用于部署运维管理系统和流程引擎。

6.2 服务台设计

服务台作为统一的服务窗口，为内部 IT 系统使用和维护人员提供统一的 IT 管理入口，所有用户服务请求(无论是通过电话、电子邮件还是自助式服务界面发出的)均在服务台汇集，是 IT 服务的单一联系点，服务台作为一个职能体系，提供以下相应功能：

①ITIL 流程的入口和触发管理。

②和服务用户的呼叫与沟通管理。

③请求登记功能。

④流程监督和控制。

⑤知识库。

⑥关键服务和基础架构的监控。

⑦面向业务部门客户的自助服务台(服务请求、知识库、公告)。

6.2.1 服务台模式

服务台结构有多种形式，常见的方式包括：

(1)集中式服务台

作为所有用户的单一联系点，所有问题的处理、跟踪和反馈都通过该点完成。

(2)分布式服务台

分布式服务台分布在多个地方，各服务台之间进行分工协调工作。

(3)虚拟服务台

虚拟式服务台没有实质性的位置，通过远程通信技术把运维人员联系起来。江苏省高速公路信息化平台的运维系统的服务台采用了集中式服务台的模式。

6.2.2 组织架构

为了保证服务台的工作能够有序进行，信息化平台的运维系统根据事件管理等级，建立了具有三级组织架构的服务台，根据事件的等级呼叫不同的支持。如图 6-5 所示。

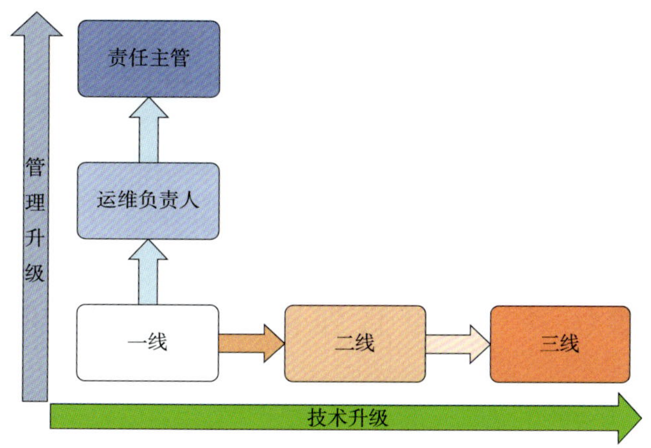

图 6-5　服务台的组织结构

6.2.3　管理支持体系

(1)一线值班

一线值班负责日常的基础设施管理和一些简单的问题处理。

(2)运维负责人(值班长)

运维负责人主要对一、二线的技术进行管理，协调一、二线之间的工作。

(3)责任主管(运维主任)

责任主管一般是从事管理工作的高级主管，主要负责与其他部门、其他单位、三线支持之间的协调工作。三者的关系如图 6-6 所示。

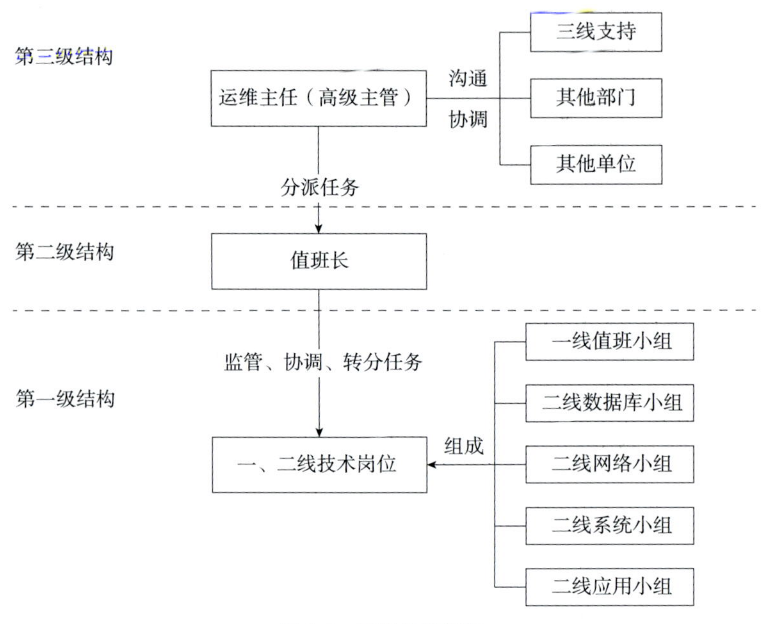

图 6-6　三级组织架构

6.2.4　技术支持体系

根据技术等级与维护内容不同，分为如下三类支持人员：

(1)一、二线技术岗位

由一线值班、二线数据库、二线网络、二线系统、二线应用等小组组成，主要完成日常的技术工作。

(2)二线支持

主要对基础设施中的数据库、网络、系统和应用系统等进行处理，是整个技术团队中的技术专家。与系统、设备厂家进行联络。

(3)三线支持

负责各自厂家设备、系统的具体维护工作。主要是基础设施的原厂支持，如 HP、IBM、Oracle、CISCO 等。

6.3　运维管理规范和流程设计

运管规范包括基础设施管理规范和服务支持流程规范。基础设施管理规范对数据中心的管理对象进行分类，对每类管理对象定义了具体管理指标。服务支持流程规范以事件管理为核心，明确事件定义和等级划分，形成了以事件发现、派单、处理、结案和分析统计为闭环的处理流程。

6.3.1 基础设施管理规范

基础设施管理规范的主要内容是对信息化平台的资产梳理分类，并建立统一的命名与编码规范和指标体系。

1）资产梳理

为了实现对信息化平台所有资产的管理，首先需要明确信息化平台管理的对象，并了解影响管理对象运行状态的指标。平台涉及的管理对象主要有如下内容：

（1）内场 IT 基础设施

IT 基础设施主要包括服务器、存储、小型机、网络设备、线路等。主要管理指标内容包含静态配置如设施型号、存放位置、购买时间、合同号等；功能状态如运行状态、电源、风扇、服务器温度等工作状态；运行性能如硬盘、CPU、内存等的使用比例。

（2）外场设施

外场设施主要包括情报板、视频、微波和 ETC 等。主要管理指标内容包含静态配置如设施型号、存放位置、购买时间、合同号等；功能状态如运行状态、电源、风扇、温度等工作状态；运行性能如硬盘、CPU、内存等使用比例。

（3）系统软件

系统软件主要是 OS 系统软件如 Samba、Telnet、FTP、NFS 等；中间件如 JBOSS、Tomcat、IIS、Webspere、MQ 等；数据库如 Oracle、Mysql 等。主要监控指标包括系统软件的静态配置如软件版本、功能的可用性、运行性能等。可以继续分为以下几类：

①业务应用软件。

业务应用软件，如数据接入软件、发布接口软件等。主要管理指标包括静态配置如软件版本；功能状态如业务应用软件的输入输出是否正常，关键进程的可用性等；运行性能等。

②数据接口规范

数据接口规范，提供各业务应用软件对内、对外的接口约定，例如数据中心的标准数据和应用数据接口。对数据接口规划的主要管理指标，包括静态配置（如软件版本）、功能状态（如服务的可用性、运行性能）等。

③信息采集类应用系统

信息采集类应用系统，采集以下数据：手机信令、卫星定位、收费、微波、气象，专题数据和反馈数据等。对该类系统状态的主要管理指标，包括完整性、准确性、实时性等。

2）资产归类

基础设施管理规范对上述资产进行分类，主要包括服务器、网络及安全设备、机房环境设备、基础软件、应用软件等类别。具体分类如下：

（1）服务器

服务器包括小型机、PC 服务器、存储和磁带库等。整理的内容包含静态配置如设施型号、存放位置、购买时间、合同号等。

（2）网络及安全设备

网络及安全设备主要包括接入层交换机、核心交换机、防火墙和网闸等。整理的内容包括静态配置如设施型号、IOS 版本、存放位置、购买时间、合同号等。

（3）机房环境设备

机房环境设备主要包括机房内容的空调、UPS、消防和电力等内容。整理的内容包括静态配置如品牌、维修单位、维修联系人和安装位置等。

(4)基础软件

基础软件主要有：OS 系统软件如 Samba、Telnet、FTP、NFS 等；中间件如 JBOSS、Tomcat、IIS、Webspere、MQ 等；数据库如 Oracle、Mysql 等。整理的内容包括系统软件的静态配置如软件版本、厂商、编号、存放位置等。

(5)应用软件

应用软件包括处理软件、通信软件、接入软件和发布接口软件等。整理的内容包括静态配置，如软件版本、厂商、编号、存放位置等。

3)管理规范

在对上述管理对象进行分类的基础上，管理规范主要完成以下两项内容：

(1)建立统一的命名及编码及规范体系

对管理对象、管理对象的 IP 地址、管理对象的位置和管理对象可能存在的故障进行统一命名和编码。具体分类如下：

①设施管理：可分为 10 大类、62 小类。例如：计算机硬件分为小型机、服务器；网络设备分为内场交换机、网闸。

②IP 地址管理：即网段管理。主要管理内容包括各 IP 地址的主要用途、IP 总数、IP 分配及使用情况。

③故障原因管理：与设施管理对应，也分为 10 大类、62 小类。主要对应管理内容包括记录各类设备的故障内容、定义对应的故障原因。

④地址管理：管理设备的物理地址。主要管理内容包括对设施位置进行编号管理、区分外场设施与内场设施。

在基础设施管理系统中，可根据实际情况将资产进行归类，如图 6-7 所示。

图 6-7　设备统一命名及编码示例

(2)对可管理对象定义管理指标

管理指标分为配置指标、功能指标、性能指标和业务指标四类，如表 6-1 所示。

管理指标 表 6-1

类型	指标
配置类	操作系统版本、IP 地址、硬盘容量、主机名、内存容量、MAC 地址
功能类	关键进程可用性、校时准确性、数据库可用性、主机 Down
性能类	CPU 利用率、内存利用率、负载、磁盘利用率、表空间利用率、交换分区利用率
业务类	捕获量、全零量、全零率、识错量、车道流量

4）资产整理与登记

资产整理根据基础设施管理规范的要求，完成对信息化平台的所有资产的管理，并登记到资产整理表中。资产管理表格如表 6-2 ~ 表 6-6 所示。

服务器整理清单 表 6-2

序号	设备名称	IP	机器名称	型号	配置	设备序列号	操作系统	存放位置	购买时间	合同号

网络及安全设备整理清单 表 6-3

序号	设备名称	设备厂商	型号	设备序列号	IP	所属项目	存放位置	购买时间	合同号

机房环境设备整理清单 表 6-4

序号	设备名称	设备品牌	维修单位	维修联系人	安装位置	备注

基础软件整理清单 表 6-5

序号	设备名称	IP	型号	软件清单	厂商	存放位置	编号

应用软件整理清单 表 6-6

序号	设备名称	IP	机器名称	型号	软件清单	厂商	存放位置	编号

在现有的所有资产整理的基础上进行后续的操作，同时，对后期新增或减少的资产进行及时的跟踪和维护，从而保证运维管理系统对所有资产的整体性监控和管理。资产设施的管理流程如图 6-8 所示。

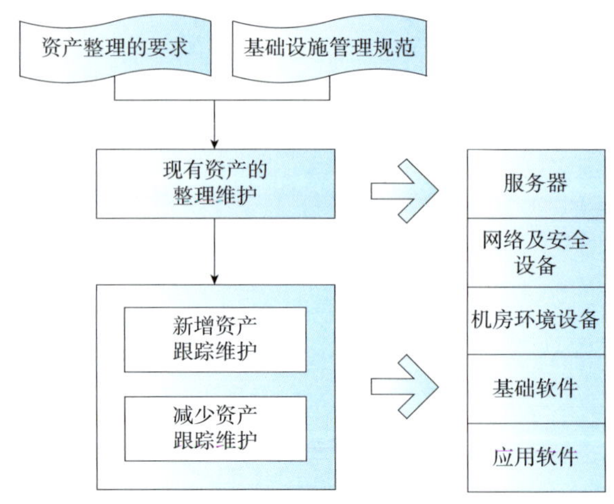

图 6-8　资产设施管理流程

6.3.2　服务支持管理规范

服务支持管理规范由以下各项制度构成：

(1)日常管理制度

日常运维管理制度是对系统日常运行基本要求，包括作业计划管理、值班管理、人员管理、知识库管理等功能。实施日常管理制度的目标是对服务台值班人员的工作进行定义和规范进行管理。

(2)事件管理制度

事件管理制度主要规定了出现故障尽快恢复的基本要求，包括故障操作手册、应急系统使用说明、事件控制说明和提供 IT 管理信息。

实施事件管理制度的目的是在成本允许的范围内尽快恢复 IT 服务，进行事件控制和提供 IT 管理信息。事件管理的主要内容包括故障处理、服务请求、变更请求。

(3)问题管理制度

问题管理制度主要对突发事件和故障进行事后详细分析并提出对策，包括故障统计分析要求和系统优化制度等。问题管理根据优先级定义首先解决关键性问题，并防止与这些事故相关的事故再次发生，提高支持人员解决问题的能力。

(4)配置管理制度

配置管理制度主要是对数据中心及路公司管理对象的配置项进行定义、记录、跟踪和变更。所有配置项的调整都需要经过配置管理委员会的审核。

实施配置管理制度的目标主要有以下三点：

①计量组织和服务中所使用的所有 IT 资产和配置项的价值。

②核实有关 IT 基础架构的配置记录的正确性，并纠正发现的错误。

③提供准确的配置信息和相关文档以支持其他服务管理流程(事故管理、问题管理、变更管理和发布管理)。

(5)发布管理制度

发布管理制度是对各类测试无误后即对应用到正式系统中的工作进行管理的制度，包括测试管理、部署管理和支持管理等。发布管理可以确保对生产环境的变更得到有效控制，对服务产生的影响最小。

发布管理的目标是确保只有正确的、被授权的和经过测试的系统组件(软件、硬件及相关文档)才能被正确、按时安装。

6.4 运维管理系统设计

运维管理系统包括基础设施管理子系统和服务支持管理子系统，实现对两大规范的软件固化。其中，基础设施管理子系统实现对管理对象运行状态的采集、处理、告警和运行展示；服务支持管理子系统实现对日常管理、事件、问题、配置、变更和发布管理流程的固化。运维管理系统的功能设计如图 6-9 所示。

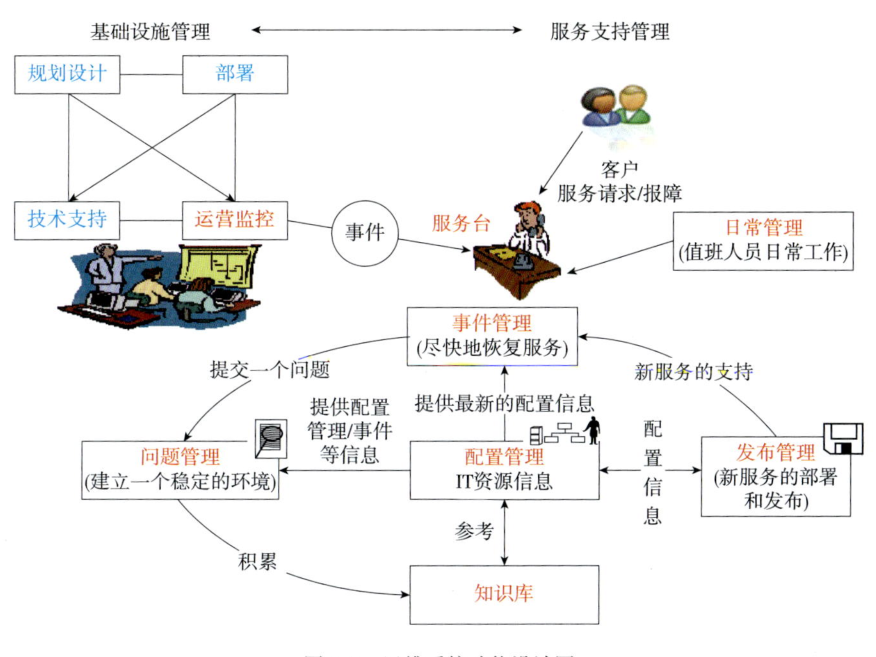

图 6-9 运维系统功能设计图

6.4.1 基础设施管理子系统

基础设施管理子系统的建设目标旨在通过对设备管理、IP 管理以及备品备件管理等内容实现对项目所有资产的全程跟踪管理，为项目单位的相关资产管理工作提供全方位、可靠、高效的动态数据与决策依据，实现项目基础设施在内的资产管理工作的信息化、规范化与标准化管理，全面提升资产管理工作的工作效率与管理水平。

基础设施管理子系统主要完成以下功能：资产管理、统一监控、智能告警、系统管理。分别说明如下。

1）资产管理

资产管理模块完成以下功能：

（1）各类设备管理

资产管理以基础设施管理规范为基础，根据基础设施管理规范的指定的分类，编码规则对中心的软硬件设施进行增、删、改、查等操作。有以下两个模块：

①资产查询管理，实现对资产的查询。

②资产管理管理，实现对系统所有资产的统一管理和备案。

基础设施管理系统将所有管理对象统一编码，并建立了如图 6-10 所示的管理索引，方便对各类设备的管理。

图 6-10　基础管理子系统的设备管理索引

(2)IP 管理

IP 管理主要包括 IP 管理、备案、统计查询模块。

①IP 管理功能，实现对系统 IP 的统一管理和备案。

②IP 查询功能，实现对 IP 使用情况、分配情况的查询。

(3)备品备件管理

备品备件管理主要包括备品备件管理、查询、分析统计模块。

①备品备件管理模块，实现对系统所有备品备件的统一管理和备案功能。界面如图 6-11 所示。

②备品备件查询模块，实现对系统所有备品备件的查询功能。查询界面如图 6-12 所示。

图 6-11　备品备件管理界面

图 6-12　备品备件查询界面

2）统一监控

统一监控模块主要包括监控数据采集、监控数据处理、告警存储、告警发送、应用展示和分析统计功能。该模块功能结构如图 6-13 所示。

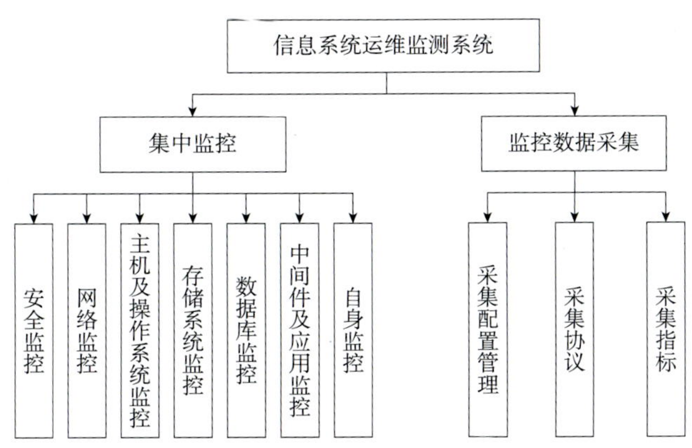

图 6-13　统一监控模块功能结构图

（1）监控数据采集

根据管理对象定义的管理指标进行统一采集。采集需要支持代理采集和无代理采集。

代理采集：有代理采集需要在管理对象上安装客户端，可能会对管理对象带来一定的影响，一般适用于不是特别重要的应用系统。

无代理采集：无代理采集不需要安装客户端，特别适合无法安装客户端的设施如专用设施，或特别重要的应用如数据库系统，可以通过标准的协议如 SNMP、Telnet、SSH 等进行采集。

（2）监控数据处理

监控数据处理模块通过采集功能采集的管理对象指标信息需要，经过处理后决定下一步动作。根据管理对象的指标阈值来判断采集的指标是否正常，如果正常则显示正常信息，如果异常则进入后续处理。

设备实施数据监控界面如图 6-14 所示。

江苏省高速公路联网营运管理中心运维管理平台　　2015年5月14日 星期四　16:11:53

首页 | GIS地图展示 | 资源管理 | 日常维护 | 监控报警 | 报表统计 | 帮助 | 退出

报警监控->监控设备管理

监控类型：-请选择-　设备描述：　监控状态：◉全部 ○已监控 ○未监控　查询

序号	监控状态	设备描述	设备类型	监控类型	配置原因	监控设定	操作
1	×	server	服务器	-	-	监控	事件定义
2	×	server	服务器	-	-	监控	事件定义
3	×	分析服务器1	服务器	-	-	监控	事件定义
4	×	处理服务器1	服务器	-	-	监控	事件定义
5	×	管理服务器3	服务器	-	-	监控	事件定义
6	×	管理服务器2	服务器	-	-	监控	事件定义
7	×	管理服务器1	服务器	-	-	监控	事件定义
8	×	数据库服务器	服务器	-	-	监控	事件定义
9	×	分析服务器2	服务器	-	-	监控	事件定义
10	×	处理服务器3	服务器	-	-	监控	事件定义

查询结果:共计4748条 当前页1/共475页　首页　上一页　下一页　末页　GO

图 6-14　设备实施数据监控界面

3）智能告警

智能告警模块主要包括告警显示与统计、告警分析与故障压缩、告警通知、告警监控等功能。主要功能是对存储采集的指标数据进行分析和统计，并且可以和历史数据进行比较。对于监视系统采集的不符合管理指标定义的指标项向订阅人员发出通知。

对于不同类型的信息建议存储在不同的数据库中，例如实时库只存储当前采集的指标数据信息，历史库存储历史数据。智能告警管理界面如图 6-15 所示。

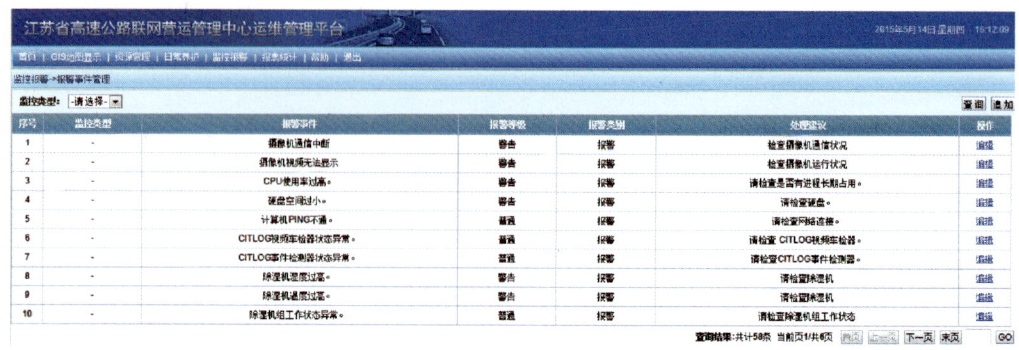

序号	监控类型	报警事件	报警等级	报警类别	处理建议	操作
1	-	摄像机通信中断	警告	报警	检查摄像机通信状况	编辑
2	-	摄像机视频无法显示	警告	报警	检查摄像机运行状况	编辑
3	-	CPU使用率过高。	警告	报警	请检查是否有进程长期占用。	编辑
4	-	硬盘空间过小。	警告	报警	请检查硬盘。	编辑
5	-	计算机PING不通。	普通	报警	请检查网络连接。	编辑
6	-	CITLOG视频车检器状态异常。	普通	报警	请检查 CITLOG视频车检器。	编辑
7	-	CITLOG事件检测器状态异常。	普通	报警	请检查CITLOG事件检测器。	编辑
8	-	除湿机湿度过高。	警告	报警	请检查除湿机	编辑
9	-	除湿机温度过高。	警告	报警	请检查除湿机	编辑
10	-	除湿机组工作状态异常。	普通	报警	请检查除湿机组工作状态	编辑

图 6-15　智能告警管理界面

4) 系统管理

系统管理主要包括“系统登录”“数据字典”“账户管理”“权限管理”“操作管理”“部署管理”等内容，主要是面向运维工作人员的日常使用。

“系统登录”用于运维工作人员登录登出系统。

“数据字典”用于快速查找数据库的数据信息。

“账户管理”“权限管理”“操作管理”“部署管理”等功能是系统管理员用于管理账户的权限等行为。

6.4.2 服务支持管理子系统

服务支持管理子系统主要实现对管理流程的固化，主要实现日常管理、事件管理、问题管理、配置管理、变更管理和发布管理等功能。

1) 日常管理

日常运维管理包括应用管理、值班管理和知识库管理等功能。日常管理的目标是对服务台值班人员的工作进行定义和规范进行管理。日常管理的主要内容如下。

(1) 应用管理

实现对应用系统的日常维护，例如应用需要的基础数据的更新、人工采集的数据录入等功能。此外，还包括每周每月数据备份、定期日志清理。日常应用管理界面如图 6-16 所示。

图 6-16　应用管理界面

(2) 值班管理

对 IT 人员的日常值班工作进行统一的管理，主要功能包括值班表管理功能、值班记录管理功能、巡检记录管理。值班管理界面如图 6-17 所示。

图 6-17　值班管理界面

(3) 机房管理

按照机房出入管理制度、机房日常管理制度、数据管理制度、机房设备管理制度对机房进行管理。机房管理界面如图 6-18 所示。

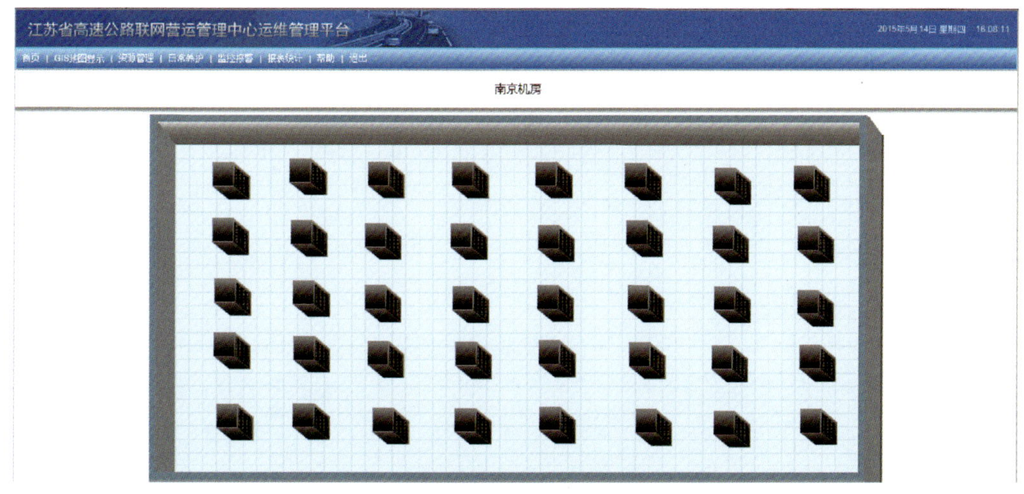

图 6-18　机房管理界面

(4) 知识库管理

通过对知识库维护和使用，可以在故障自动处理和人工处理的过程中，在知识库中得到相关故障维护的分类和快速定位，找到匹配的处理案例，便于处理人进行借鉴。知识库管理界面如图 6-19 所示。

2) 事件管理

事件管理的主要目标是尽快解决出现的事件，保持业务支撑系统的稳定性。其目的包括在成本允许的范围内尽快恢复 IT 服务，进行事件控制和提供 IT 管理信息。事件管理的主要内容包括故障处理、服务请求及变更请求。

事件管理流程主要包括事件检测、派发、事件处理、事件升级和事件结案。一般的事件管理流程如图 6-20 所示。

图 6-19　知识库管理界面

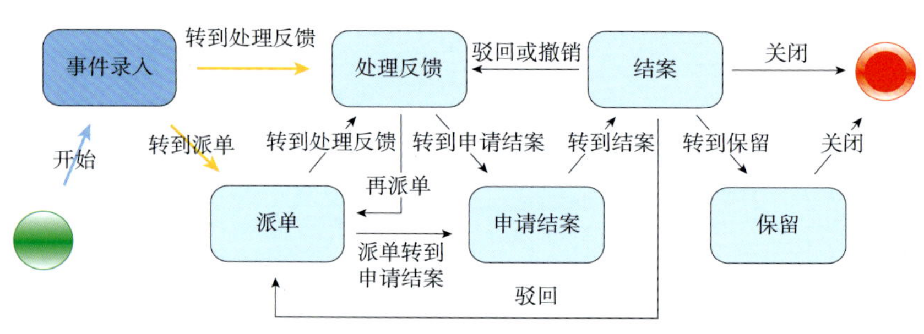

图 6-20　事件管理流程图

事件管理模块主要执行下述功能：

(1)事件检测

支持人工发起故障处理请求和系统接口发送处理请求。需要记录的信息有事件发现时间、事件描述、事件确认、故障等级、目标解决时间。在记录事件的同时，需要根据优先级和紧急程度划分事件管理故障等级，如表 6-7 所示。

事件管理故障等级　　表 6-7

优先级	现　象	现象具体描述	响应时间(h)	目标解决时间(h)	备注
5	业务中断	网络或主机系统停机，对客户的业务运作有重大影响，如核心交换机、核心数据库停机	2	4	重大事故
4	业务受严重影响	网络或主机系统操作性能严重降级或集群的部分主机停机，对客户的业务运作有严重影响，例如集群的数据库一台停机、集群的业务系统部分主机停机	2	8	重大事故
3	性能受损，业务尚可运行	网络或主机系统操作性能受损，客户的大部分业务运作仍可正常运作	8	24	警告
2	问题和咨询，但无明显影响	网络或主机产品功能，安装或配置方面需要信息或支持，对客户的业务运作几乎无影响或根本没影响	24	48	通知
1	问题和咨询，潜在的功能增强或需求	潜在的功能增强或需求，或性能调优	Planned	Planned	通知

(2)事件派发

支持人工指派和自动指派两种方式。明确责任单位和联系人、派单时间、向受理人员发出提示信息，如手机短信、电子邮件等，提示工单的生成。

(3)事件处理

记录派单人员的处理过程、对超时的派单发出提醒、跟踪处理进度、故障处理升级、应急预案。

(4)事件升级

可以定义升级处理的阈值来定义事件的升级。在信息化平台的运维系统中，定义阈值为工程师的处理时间(15min 为一级)。事件升级的事件故障处理流程如图 6-21 所示。

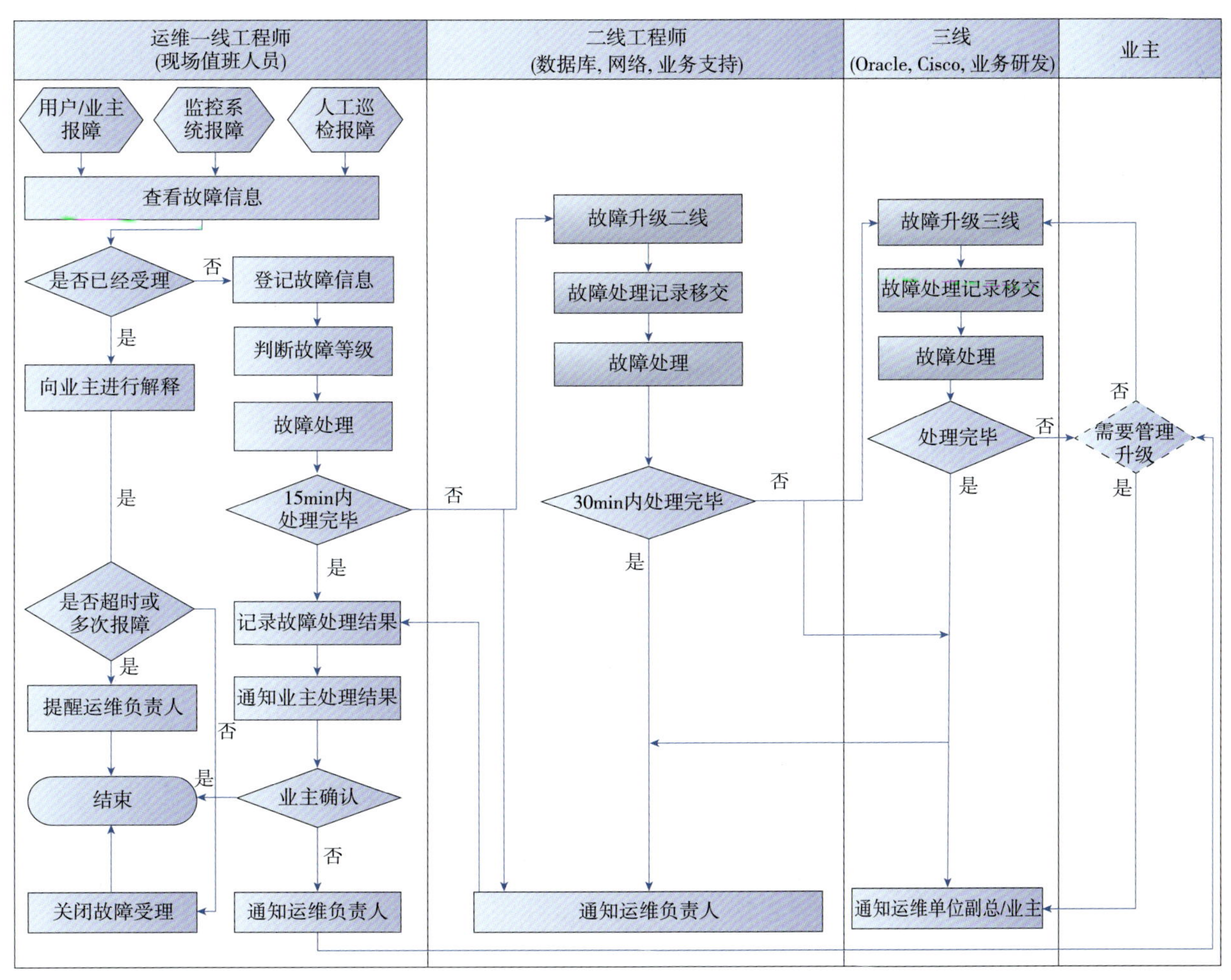

图 6-21 事件升级的处理流程

(5)事件结案

支持对事件进行关闭，记录事件恢复确认和结案时间。

3)问题管理

问题管理的主要功能在于对突发事件和故障进行详细分析，找出根本原因和解决方案，并根据优先级定义首先解决关键性问题，防止与这些事故相关的事故再次发生，增加支持人员解决问题的能力。

问题管理的主要内容包括问题记录创建、问题分析、问题统计和知识库创建。如图 6-22 展示了问题管理的流程。

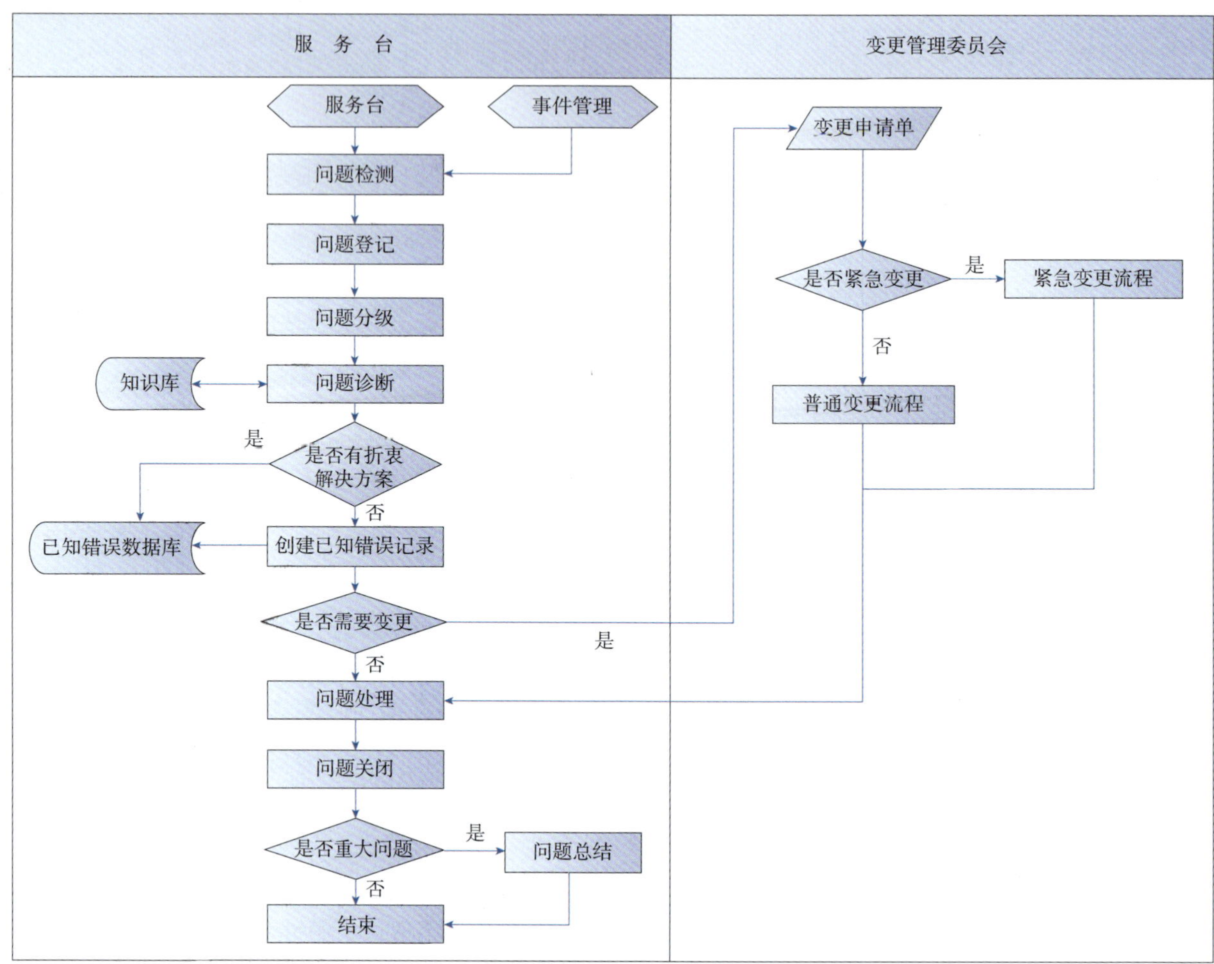

图 6-22　问题管理流程图

(1)问题记录创建

通过事件单创建问题记录。在日常维护过程中，发现问题，手工创建问题记录。

(2)问题分析

定位问题分类，指派相应的人员进行处理；记录问题的根本原因、症状和解决方案。

(3)问题统计

支持对问题的按不同的查询条件进行统计。

(4)知识库创建

支持根据问题创建知识库。

4)配置管理

配置管理追踪和监控 IT 环境中的所有配置项目硬件、应用、网络、文档、软件、代码、基础数据等生命周期的各个状态，并记录各配置项目的相互关系，从而为实现有效服务管理奠定基础。配置管理的主要功能如下：

①识别相关信息的需求(健全的配置管理的目的、范围、目标、策略和程序)。

②与配置项所有者一起识别和标识配置项，有效的文档、版本及相互关系。

③在中心配置管理数据库中记录配置项。

④建立程序和文档标，并确保只有被授权及可辨别的配置项被记录和可追溯的历史记录是有效的。

⑤确保数据的永久状态(配置状况报告)。

⑥对 CDMB 中记录的配置项进行审验。

配置管理的操作流程如图 6-23 所示。

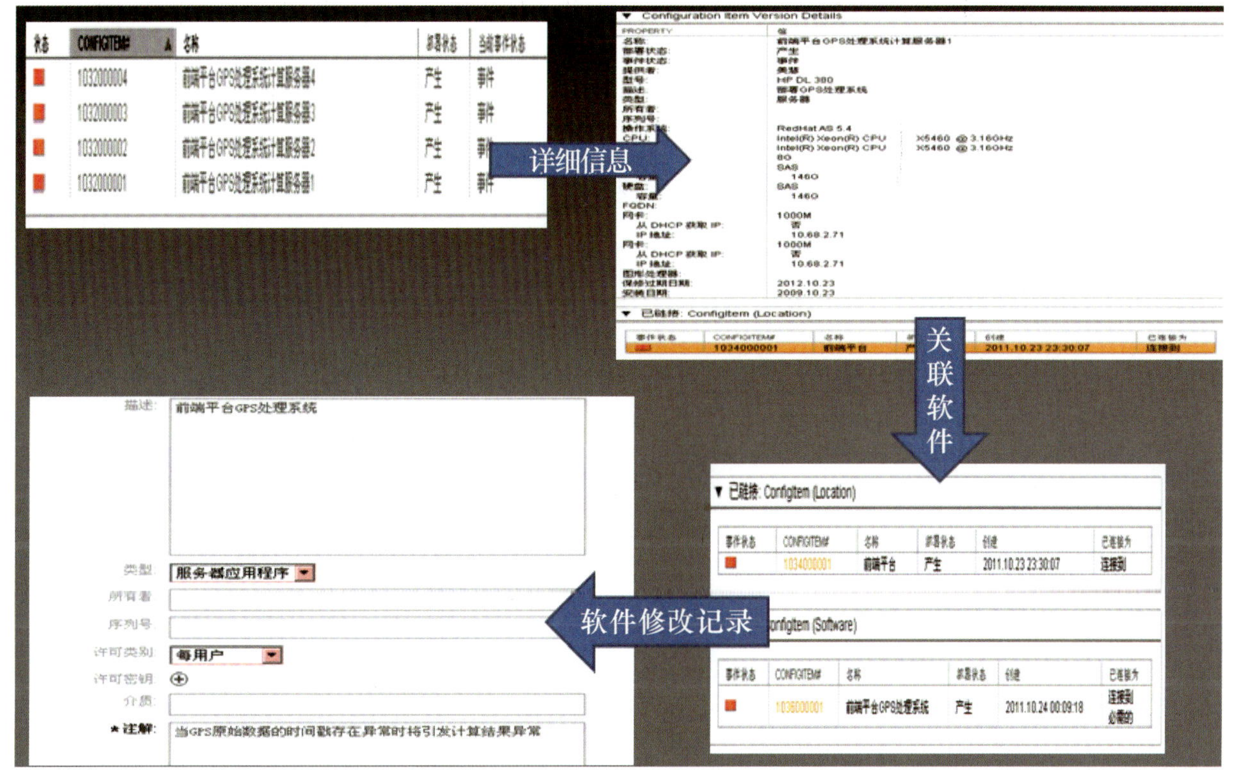

图 6-23 配置管理的操作流程

配置管理的操作流程如下：

(1)识别配置元素

设定配置元素的唯一识别号。为了使 CI 的信息更加全面，可以采用附件的方式记录 CI 的相关额外信息，如手册、维护合同、配置文件等。

(2)配置控制

能够在 CI 的整个生命周期内跟踪 CI 的状态，确保只有被认可的和被标识的配置元素及其配置信息才能输入 CMDB 或更新 CMDB。

(3)汇报和状态汇总

根据需要，定期产生配置管理报表。

5)发布管理

发布管理是将通过测试后的变更部署到生产环境的管理过程。通过流程的实施，可以确保对生产环境的变更得到有效控制，对服务产生最小的影响。发布管理主要包含以下功能：

(1)创建发布请求

包括手动和自动两种方式创建发布请求。

(2)创建发布任务单

在发布管理的过程中会创建开发、测试和部署的工作单。

(3)发布批准和实施

对批准的发布请求实施，如拒绝上线则说明原因。

(4)发布确认

完成发布后关闭本次发布请求。发布管理的流程可以分为以下几步：

①制订发布计划。

②设计发布测试及执行测试的程序以鉴定是否合格。

③制订首次运行计划。

④通知并培训可能的客户。

⑤实施前后对组件进行审计。

⑥安装及分发。

⑦结束发布。

发布管理的流程如图 6-24 所示。

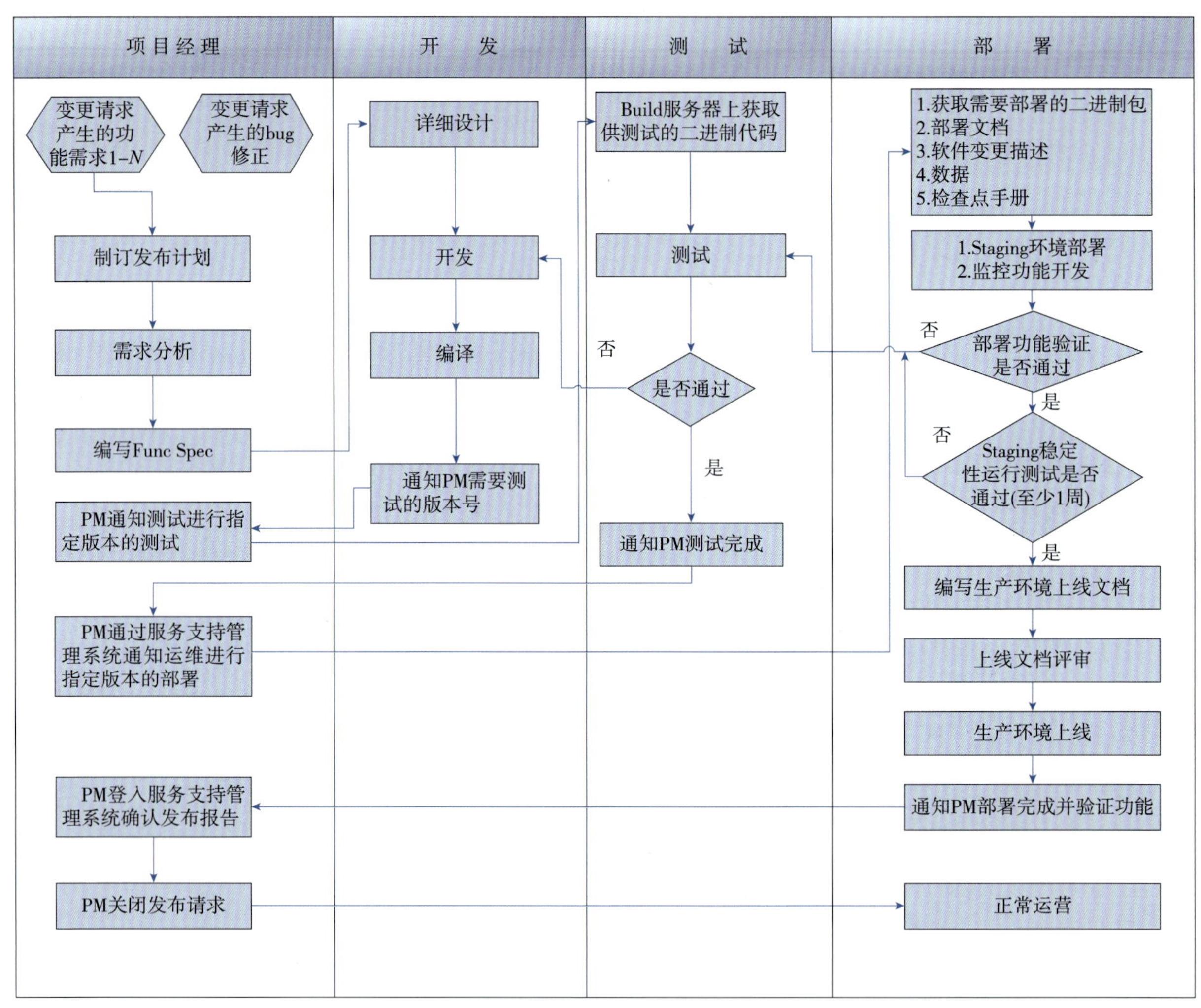

图 6-24　发布管理流程图

6)知识库管理

知识库允许运维人员记录解决事件中形成的各种经验和知识，随着知识的不断积累、归纳、总结，知识库的内容会越来越丰富，可以为运维人员在解决新的问题时提供有效的帮助，提高实践处理效率。知识库的主要内容包括：已解决的事件、已知的问题、特殊处理方法、经验及解决方案。

如图 6-25 所示是向知识库中录入知识的表单。运维人员通过提交表单可以记录、保存历史问题，供使用者查询、分析、参考。

图 6-25　知识录入表单

6.4.3　综合应用展示系统

该模块主要是实现对管理对象的可视化展示。展示功能如下。

(1) 网络拓扑展示

可以显示平台的网络拓扑结构，如图 6-26 所示。

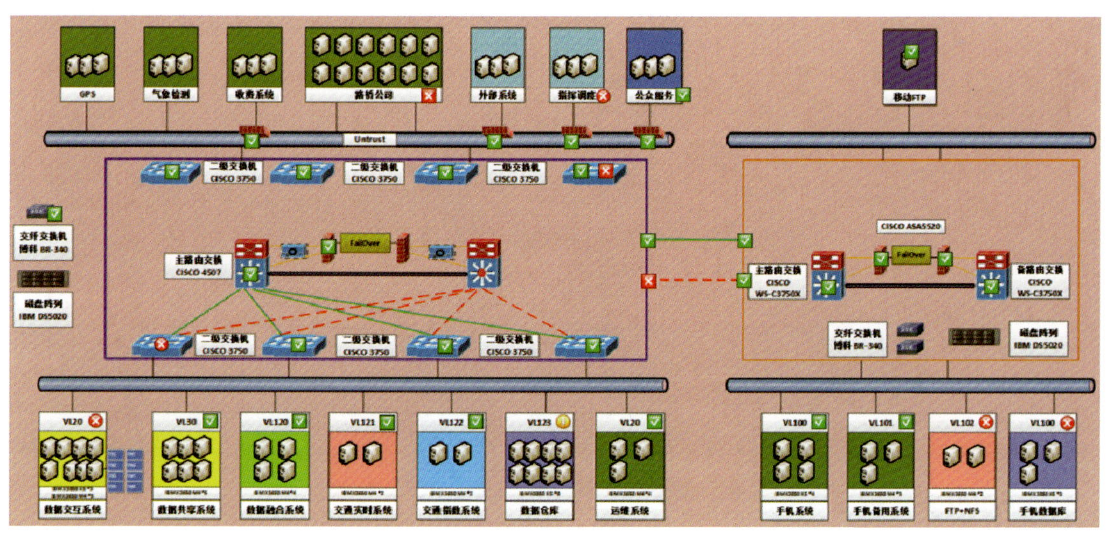

图 6-26　管理系统网络拓扑结构

(2) 网络流量展示

实时显示各接口的网络流量，如图 6-27 所示。

(3) 系统结构图展示

对平台的系统结构进行清晰、实时的展示，如图 6-28 所示。

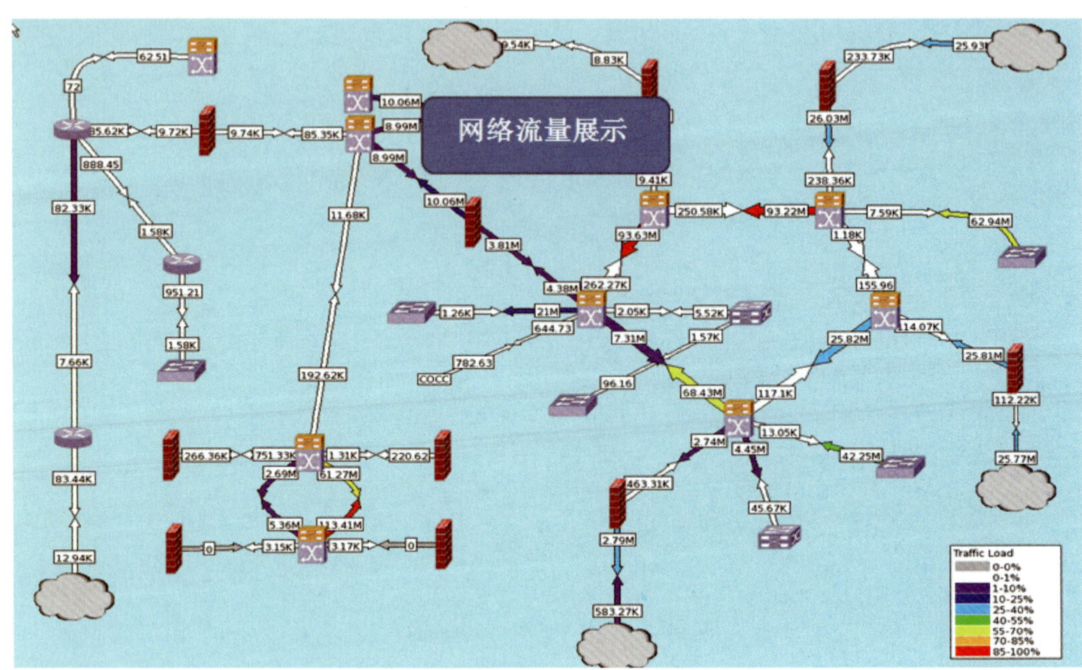

图 6-27　管理系统网络流量展示

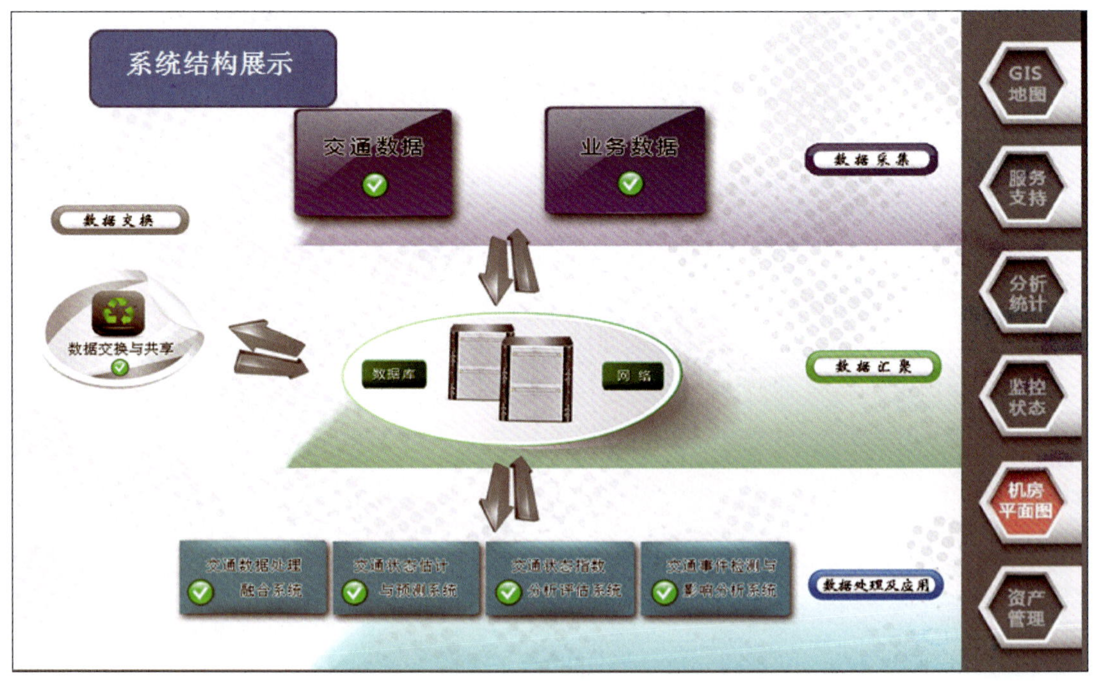

图 6-28　管理系统结构展示

(4)业务流程展示

从业务流程的角度展示各业务系统之间的关系，如图 6-29 所示。

(5)外场设施状态展示

以直观的性能视图的方式展示外场设施的管理指标，如图 6-30 所示。

(6)GIS 地理信息地图展示

用于展示江苏省高速公路的实时路况信息，如图 6-31 所示。

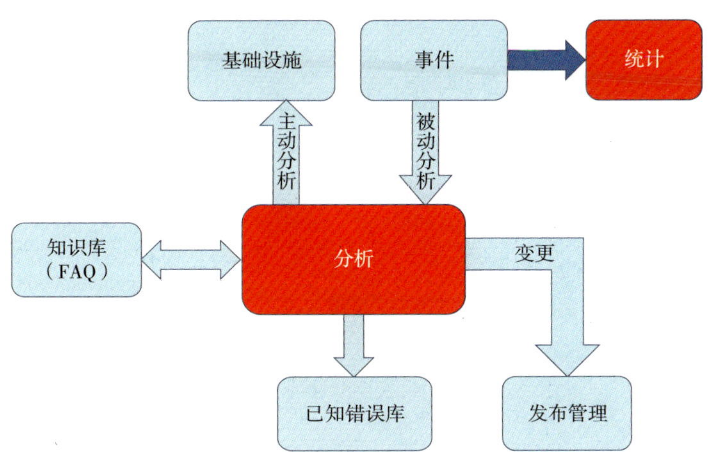

图 6-29　管理系统分析流程展示

图 6-30　外场设施状态展示

图 6-31　GIS 地图展示界面

（7）分析统计展示

根据采集的管理对象状态信息，对系统运行情况进行分析，如图 6-32 所示。常见的分析角度包括以下内容：

①可用性：统计在一定时间段内，数据中心、业务系统、主机正常对外提供服务情况。

②性能：统计在一定时间段内，数据中心、业务系统、主机的性能情况，为后续升级扩容提供依据。

③事件原因：统计在一定时间段内事件原因的分布，从而有针对性地提出解决方案。

④故障修复时间：统计在一定时间段内对不同事件原因的响应程度。

	总计	车牌识别采集系统	SCATS采集系统	网络系统	数据库系统	采集网应用平台	数据交换与共享	地面信息采集发布系统	视频事件检测系统
上月(201302):次	5	3	0	0	0	1	0	0	1
当月(201303):次	1	1	0	0	0	0	0	0	0
上月此时	4	2	0	0	0	1	0	0	1
当月预计	2	2	0	0	0	0	0	0	0
每月平均	15	12	0	0	0	2	0	1	0
历史最高	38(201301)	31(201301)	1(201301)	0(201303)	0(201303)	4(201301)	0(201303)	2(201301)	1(201302)
历史累计	50	35	7	0	0	5	0	2	1

	总计	车牌识别采集系统	SCATS采集系统	网络系统	数据库系统	采集网应用平台	数据交换与共享	地面信息采集发布系统	视频事件检测系统
上月(201302):小时	613.24	90.00	0.00	0.00	0.00	259.24	0.00	0.00	264.00
当月(201303):小时	3.00	3.00	0.00	0.00	0.00	0.00	0.00	0.00	0.00
上月此时	658.45	135.21	0.00	0.00	0.00	259.24	0.00	0.00	284.00
当月预计	-42.21	-42.21	0.00	0.00	0.00	0.00	0.00	0.00	0.00
每月平均	116.54	8.58	0.83	0.00	0.00	17.88	0.00	1.25	88.00
历史最高	158.65(201302)	90.00(201302)	0.00(201303)	0.00(201303)	0.00(201303)	259.24(201302)	0.00(201303)	3.75(201301)	264.00(201302)
历史累计	347.48	25.74	0.36	0.00	0.00	53.63	0.00	3.75	284.00

图 6-32　分析统计界面例图

6.4.4　业务系统管理界面

运行维护系统为管理提供有效的检测和监控手段；为具体操作人员提供友好、简洁的操作界面；为技术支持人员提供一个具有可持续开发的系统环境，适用于相关人员进行运营维护。系统管理界面须包括系统登录界面、账户安全管理、系统运行情况、系统动态参数、系统周期查询等几块内容，并按照下面的界面来实施。

(1)系统登录界面

从可视化的角度，系统需要具有清晰的登录界面，要根据用户需求列出系统名、用户名、密码等方面的内容。系统登录界面须便于操作人员操作、管理，如图 6-33 所示。

图 6-33　系统登录界面

(2)账户安全管理

在账户安全管理中，可以实现账户的添加、删除，设置账户的权限，还可以查询得到每个账户的登录日志与操作日志，如图6-34～图6-36所示。

图6-34 账户管理

图6-35 权限管理

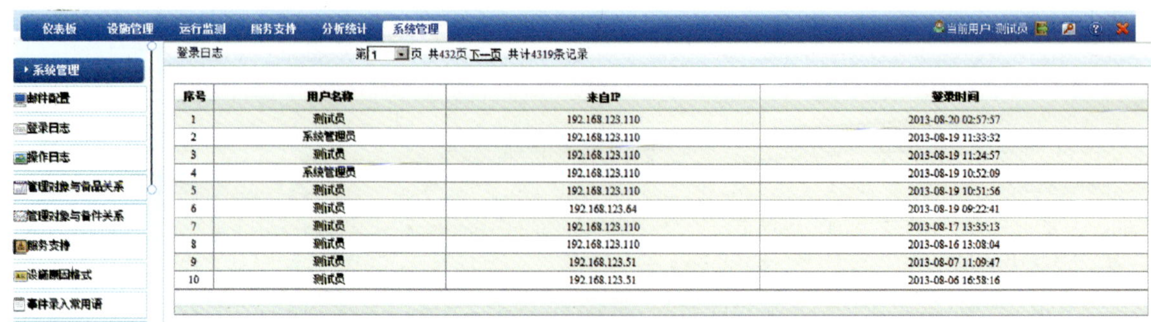

序号	用户名称	来自IP	登录时间
1	测试员	192.168.123.110	2013-08-20 02:57:57
2	系统管理员	192.168.123.110	2013-08-19 11:33:32
3	测试员	192.168.123.110	2013-08-19 11:24:57
4	系统管理员	192.168.123.110	2013-08-19 10:52:09
5	测试员	192.168.123.110	2013-08-19 10:51:56
6	测试员	192.168.123.64	2013-08-19 09:22:41
7	测试员	192.168.123.110	2013-08-17 13:35:13
8	测试员	192.168.123.110	2013-08-16 13:08:04
9	测试员	192.168.123.51	2013-08-07 11:09:47
10	测试员	192.168.123.51	2013-08-06 16:58:16

图 6-36　登录管理

(3)系统服务支持

系统服务支持对事件的录入、派单、处理、结案和统计分析，如图 6-37 所示。

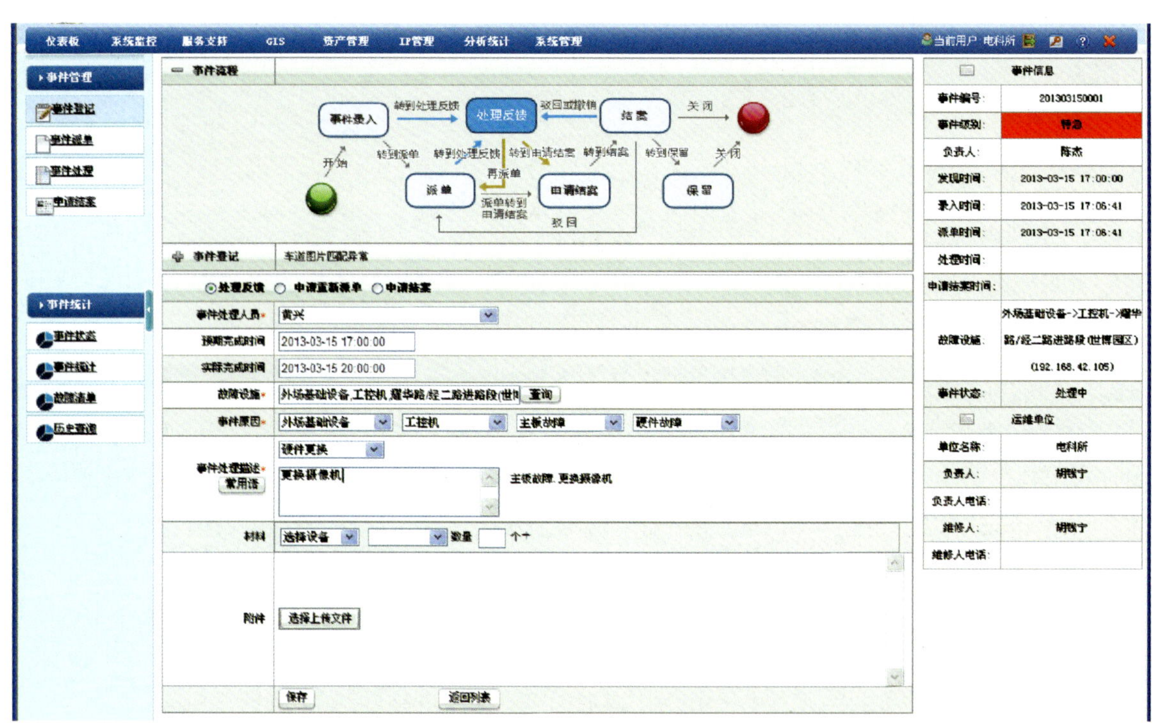

图 6-37　系统服务支持例图

6.5　考 核 指 标

指标是运维管理系统的重要组成部分，它必须要按照管理要求和业务特点进行设计，必须依据一定的标杆，以确保是可以达到的。指标必须接收监测，以确保它们不超出预期的范围，一旦出现问题则要采取纠正措施。

指标按照其目的类型——短期、中期、长期，分别被分为"运营类""战术类"和"战略类"指标。其中运营类的指标主要涉及服务台、事件管理、配置管理、变更管理、发布管理和营运管理等。战术类指标主要涉及问题管理、容量管理和服务持续管理等。战略类的指标主要涉及服务持续改进、风险管理、文档管理等。所采用的指标如表 6-8 所示。

考核指标汇总

表6-8

层次	名称	指标
运营类	服务台	(1)座席员接线量； (2)座席员一次解决的呼叫百分比； (3)超过SLA要求的呼叫量； (4)升级到二线支持的呼叫量； (5)客户满意度； (6)升级到三线支持的呼叫量； (7)平均等待时间； (8)平均联系时长； (9)来自Web的呼叫百分比； (10)升级错误的呼叫百分比； (11)用户挂线的呼叫百分比； (12)转为工单的呼叫百分比； (13)来自事件管理的事故百分比； (14)一次分配正确的呼叫百分比(一次分配正确率)
	事件管理	(1)一线支持解决的事故百分比； (2)无升级的平均呼叫时长； (3)分配错误的事故百分比； (4)在目标时间之内，按照优先级解决的事故百分比； (5)二线支持平均响应时间； (6)事故平均解决时间； (7)重新分配的事故百分比； (8)归类错误的事故百分比； (9)绕过一线支持的呼叫百分比； (10)客户满意度； (11)服务请求呼叫百分比； (12)一次解决正确的事故百分比(一次正确解决率)； (13)主动解决的事故百分比
	配置管理	(1)闲置许可数量； (2)CMDB数据错误导致的变更失败数量； (3)因为CMDB错误导致违反SLA的数量； (4)配置项文档错误导致变更失败所引起的事故数量； (5)无相应配置项刷新的变更请求数量； (6)不精确配置项百分比； (7)客户满意度； (8)未授权配置数量
	变更管理	(1)失败变更的百分比； (2)被拒绝的变更请求的百分比； (3)未授权变更数量； (4)变更积压(Change Backlog)； (5)变更期间服务中断； (6)无备份计划的变更失败数量； (7)准时变更百分比； (8)导致事故的变更百分比；

续上表

层次	名 称	指 标
运营类	变更管理	(9)未准时执行的 CAB 事项数目； (10)客户满意度； (11)变更期间服务中断时间； (12)紧急变更数量； (13)未交付预期结果的变更数量
	发布管理	(1)紧急发布数量； (2)发布导致的事故数量； (3)准时发布百分比； (4)未经测试的发布数量； (5)平均发布成本； (6)闲置软件许可数量； (7)发布估算精确度； (8)客户满意度
	营运管理	(1)部署计划延迟数量； (2)业务签收的计划数量； (3)尚不能签收的计划数量； (4)部署期间缺陷数量； (5)受控对象的严重事件数量； (6)安全事件数量； (7)工作/脚本/备份失败数量； (8)运营变更引起的事故数量； (9)客户满意度
战术类	问题管理	(1)已关闭的问题数量； (2)通过“已知错误”解决的事故数量； (3)事故总数； (4)用户宕机总时长； (5)问题管理提出的 RFC 数量； (6)开放问题的平均数量； (7)关闭一个问题的平均时长； (8)无对应问题的事故百分比； (9)错过目标解决时间的问题数量； (10)客户满意度； (11)解决方案是用户培训的事故数量； (12)解决一个问题的成本； (13)主要事故类别
	容量管理	(1)能力富余百分比； (2)总体业务负载占预期业务负载的百分比； (3)由于性能不佳和能力不足引起的事故数量
	可用性管理	(1)服务不可用时长； (2)事故修复时间； (3)事故响应时间； (4)重复性事故数量

续上表

层次	名　称	指　　标
战略类	服务持续改进管理	(1)上一次确立标杆以来总体改进的百分比； (2)为了流程改进的变更请求数量
	风险管理	(1)新发现的风险数量； (2)旨在降低风险的行动数量； (3)与供应商和内部流程负责人的会议次数
	文档管理	(1)计划修改延迟的文档百分比； (2)一年未评审的文档百分比； (3)一年未提取的文档百分比

6.6　技术性能要求

(1)性能要求

对业务进行监控的平均响应时间应该少于 1s。

(2)可用性

①应该支持集群，并支持水平扩展，可用性达到 99.9%。

②可管理的设施数量不少于 10000 台。

③告警准确率达到 95% 以上。

(3)环境要求

要求可支持 Linux/Unix 及数据库。

6.7　运维系统软硬件配置要求

为了能满足上述技术指标，对于软硬件配置选型的要求如下。

6.7.1　运维系统软件选型要求

(1)数据库

①具有数据透明、网络透明的特点，支持异种网络、异构数据库系统，可并行处理采用动态数据分片技术。

②支持客户机/服务器体系结构及混合的体系结构(集中式、分布式、客户机/服务器)。

③支持多种系统平台(HPUX、SUNOS、OSF/1、VMS、WINDOWS、WINDOWS/NT、OS/2，LINUX 等)。

④数据安全级别为 C2 级。

⑤支持多字节码制，支持多种语言文字编码。

⑥采用标准的 SQL 结构化查询语言。

⑦具有丰富的开发工具，覆盖开发周期的各阶段。

⑧具有字符界面和图形界面，易于开发。

(2)中间件

①支持基于 J2EE 的整体技术架构。

②在保证技术先进性的前提下，采用成熟技术进行开发，并尽可能与硬件同步。

③应用软件应采用全汉化的图形界面，并采用模块化设计方法，对应用系统进行功能分块，标准化各模块间的接口。

④对任何实时分析操作的反应时间不应大于 10s。

⑤支持多个远端工作站。

⑥采用网络型关系数据库。

⑦支持多层处理结构，分布式处理，模块化设计，高内聚、低耦合、故障隔离，无存储瓶颈和处理瓶颈，具有良好的可扩展性，可平滑扩容。

⑧具有很好的开放性，应能实现纵向联网和横向联网。

(3)其他支撑软件

①操作系统软件应采用开放的系统，同时具有较高的可靠性、容错能力，系统软件不易崩溃和破坏，具有良好的故障恢复能力。

②操作系统应具有较强的网络功能，应能支持通用的网络协议，应支持对不同机型互联。

③操作系统应能满足实时要求，具有同时进行联机事务处理的能力。

④操作系统软件应具备升级能力，并能做到向后兼容。

⑤操作系统应支持多个终端进行操作，支持多用户进程。

⑥操作系统应同时支持字符终端和图形界面。

⑦为保证平台的兼容性、一致性以及系统的可靠性，建议 OS 采用 Linux 平台。

6.7.2 运维系统硬件选型要求

运行维护系统共需要 6 台中档 PC 服务器。其中有 2 台中心端监控状态采集服务器，1 台数据库服务器，1 台 GIS 服务器，1 台应用服务器，1 台管理服务器。运行维护系统还需根据现场运维人员数配置若干台维护管理用的 PC 终端。此外，对于服务器的机柜和光线也有要求。具体技术要求如下。

(1)中档 PC 服务器指标

①2 个 Intel 6 核 Xeon E5－2620 处理器(2.0GHz，15M L3 缓存，95W)。

②标配 24 个内存插槽 16GB(1x8GB)1333MHz DDR3 内存。

③标配 8 个 2.5″SAS 热插拔硬盘托架，3 块 1TB 10K SAS 硬盘。

④标配 RAID 卡支持 Raid0/1/105。

⑤集成带 4 个千兆以太网端口。

⑥2U 机架式。

⑦DVD-ROM 光驱。

⑧3 年，7d24h 有限保修。

⑨电源数量≥1。

⑩电源及风扇：热插拔，冗余。

⑪网络备份软件：多操作系统环境。

⑫网络防病毒软件：多操作系统环境。

(2)维护管理 PC 终端指标

①机器类型：商用台式机。

②处理器类型：Intel 酷睿 i5 或以上。

③主频≥2.0GHz。

④内存类型：DDR3。

⑤内容容量≥4G。
⑥硬盘容量≥300GB，硬盘速度≥7200rpm。
⑦光驱类型：DVD + RW/R。
⑧显示器尺寸：17″LCD。
⑨独立显卡≥256MHz。
⑩操作系统：Win7。
(3)机柜技术指标
①机柜要求 19″，42U 厂家原装标准机柜。
②折叠式 17″液晶显示器。
③16 口 USB 接口模拟 KVM，至少 11 根 KVM 连线。
④一个键盘鼠标套件。
⑤4 个 32A 原厂商 PDU。
⑥所有配件要求原厂出品，防静电环。
⑦接地。
⑧服务要求为 3 年(24 ×7 ×4)上门响应服务，含硬件及人力。
(4)综合布线要求指标
①多模光纤。
a. 类型：62.5/125Um 多模光纤。
b. 芯数：8 芯，每芯带有彩色编码护套。
c. 护套：光纤护套 LSZH 套管(低烟，无焰，阻燃)。
d. 光学特性：最大光纤损耗：小于 3.75dB/km(850nm)；最小带宽：大于 160MHz/km(850nm)。
e. 标准：符合 FDDI 标准。
②六类非屏蔽电缆。
a. 类型：CAT6 UTP。
b. 芯线对数：4 对。
c. 标准：EIA/TIA-568-B。
d. 带宽： >>250MHz(PSACR =0)。
e. 线缆结构：要求采用十字骨架内部支撑结构。
f. 硬铜导线电缆芯，聚乙烯绝缘，满足 EIA/TIA-568 B，ISO/。
g. IEC11801：2002 的六类标准要求，经过 UL，DELTA 等第三方实验室的认证。
③光纤配线架。
a. 类型：CAT6 UTP。
b. 规格：24 口配 ST 耦合器，模块化结构，有足够的空间保证光纤的盘绕、固定和接续。
c. 标准：EIA/TIA-568-B。
d. 安装：19″机柜式安装，具有机械滑动装置，可实现前面操作。配套安装附件。
④六类数据模块配线架。
a. 类型：CAT6 UTP。
b. 规格：六类模块化结构。
c. 标准：EIA/TIA-568-B。
d. 安装：19″机柜式安装，可翻转型，前面施工和维护管理，内置带有 Clip-onTM 电缆导线架，可以快速有效地固定电缆和接地。

6.7.3 运维系统硬件设备清单

运维系统的硬件设备需要统一管理。配置如表 6-9 所示。

运行维护系统硬件配置 表 6-9

序号	设备名称	设备型号	数量	备注
机房配套				
1	机柜	机柜	2	
2	综合布线	综合布线	2	
服务器				
3	中心端监控状态采集服务器	中档服务器	2	
4	数据库服务器	中档服务器	1	
5	应用服务器	中档服务器	2	
6	管理服务器	中档服务器	1	
维护管理 PC 终端				
7	管理维护 PC 终端	维护管理 PC 终端	1	

参考文献

[1] 陈宪宇. 企业 IT 管理和控制研究[J]. 工业技术经济，2010，29(9)：27-31.

[2] Clemons E K，Row M C. Sustaining IT advantage：The role of structural differences[J]. MIS quarterly，1991：275-292.

[3] Bharadwaj A S. A resource-based perspective on information technology capability and firm performance：an empirical investigation[J]. MIS quarterly，2000：169-196.

[4] 陈琦. 企业电子商务商业模式设计：IT 资源前因与绩效结果[D]. 杭州：浙江大学，2010.

[5] Teo T S H，Ranganathan C. Leveraging IT resources and capabilities at the housing and development board[J]. The Journal of Strategic Information Systems，2003，12(3)：229-249.

[6] Henderson J C，Venkatraman N. Strategic alignment：Leveraging information technology for transforming organizations[J]. IBM systems journal，1993，32(1)：4-16.

[7] 江炼，孙延明. IT 治理对制造业 IT 能力的影响机制研究——以业务—IT 匹配为中介[J]. 工业技术经济，2013 (8)：19-26.

[8] 左美云. 信息系统开发与管理教程[M]. 北京：清华大学出版社，2013.

[9] 黄正伟，黄会娟. 全球视角下对 IT 管理关键问题的实证研究[J]. 科技管理研究，2013，33(20)：208-213.

[10] 蔡荟荃. IT 运维服务——信息系统集成企业发展的新沃土[J]. 电脑编程技巧与维护，2011 (4)：54-56.

[11] 中国 IT 治理研究中心. http：//www. itgov. org. cn/.

[12] 王庆磊，张国波. IT 治理相关概念辨析[J]. 信息技术与标准化，2014，7：024.

[13] 王华. IT 服务管理在通信企业中的应用研究[D]. 北京：北京邮电大学，2007.

[14] 程栋，刘亿舟. 中国 IT 服务管理指南：实践篇[M]. 北京：北京大学出版社，2012.

[15] 国家信息技术服务标准工作组. 中国信息技术服务标准(ITSS)白皮书[M]. 1 版. 工业和信息化部软件服务业司，2010.